Ayurvedische Voeding

Een gids voor bewust eten

Ayurvedische Voeding
door Nibodhi Haas en Gunavati Gobbi

Uitgegeven door:
Mata Amritanandamayi Center
P.O. Box 613
San Ramon, CA 94583
Verenigde Staten

© 2008 Mata Amritanandamayi Mission Trust, Kerala, India.

Alle rechten voorbehouden. Niets uit deze uitgave mag worden verveelvoudigd, opgeslagen in een geautomatiseerd gegevensbestand, of openbaar gemaakt, in enige vorm of op enige wijze, hetzij elektronisch, mechanisch, door fotokopieën, opnamen, of op enige andere manier, zonder voorafgaande schriftelijke toestemming van de uitgever.

——————— *Ayurvedic Nutrition (Dutch)* ———————

Eerste uitgave: mei 2008

In Nederland:
  www.amma.nl
  inform@amma.nl

In België:
  www.vriendenvanamma.be

In India:
  www.amritapuri.org
  inform@amritapuri.org

Het is ons oprecht gebed dat dit boekje van dienst is voor de lezer, de mensheid en Moeder Natuur. Dat het gezondheid en geluk mag brengen. Ieder voordeel dat deze informatie oplevert, komt voort uit Amma's oneindige genade en mededogen en de wijsheid van de oude zieners (rishi's). Alle fouten in de tekst zijn de verantwoordelijkheid van de schrijvers. Dit boekje wordt aangeboden aan de lotusvoeten van onze geliefde Satguru, Sri Mata Amritanandamayi.

Inhoud

Inleiding	5
Het dieet in evenwicht brengen	8
Het bepalen van je prakriti, je individuele constitutie	11
Vata verminderend dieet	13
Pitta verminderend dieet	16
Kapha verminderend dieet	18
Overzicht voor voedselcombinaties	21
Zuur en basisch	22
Biologisch voedsel	25
Water, de bron van het leven	29
Nieuw leven geven aan voedsel	32
Voedselallergieën	32
Wat ligt daar op je bord?	43
Eten in overeenstemming met dharma	55
De mondiale honger beëindigen	61
Onze hulpbronnen opeten	64
Vitaminen en voedingsstoffen	66
Lichaamsverzorging en huishoudelijke schoonmaakproducten	71
Vasten voor je gezondheid	76
Suggesties voor een panchakarmadieet	77
Eten met bewustzijn	81
Voedsel voor het genezen van ziekten	85
Conclusie	91
Aanbevolen literatuur	93

Inleiding

"De ayurvedische arts begint de genezing van een ziekte door een dieet op te stellen dat de patiënt moet volgen. Ayurvedische artsen vertrouwen zo op het dieet dat ze verklaren dat alle ziekten genezen kunnen worden door dieetvoorschriften zorgvuldig te volgen en te combineren met de juiste kruidensupplementen. Maar als een patiënt niet op zijn dieet let, zullen honderd goede medicijnen hem niet genezen.
– Charaka Samhita 1.41

Gezondheid en geluk worden bevorderd en onderhouden door de juiste voeding en de juiste houding. Oude culturen en geneeskundige scholen begrijpen dat lichamelijke en emotionele gezondheid sterk beïnvloed wordt door het voedsel dat we eten. Natuurlijk voedsel dat met liefde en bewustzijn bereid is, bevordert een gezond lichaam en een gezonde geest. Voedsel vol giftige gedachten of stoffen zoals bleekmiddelen, kunstmatige kleurstoffen, conserveermiddelen en toevoegingen, belasten de organen. Wanneer de organen in het lichaam door ongezond voedsel onder spanning staan, heeft dat emotionele gevolgen. De Chinese geneeskunst legt een verband tussen kwaadheid en leververgiftiging, terwijl verdriet met zwakte van de longen in verband gebracht wordt. De natuurgeneeskunde laat ons zien dat voedselallergieën vaak in lethargie, dufheid en zelfs depressie resulteren.

De ayurvedische wetenschap leert dat een juist dieet de basis van de gezondheid vormt. Ayurveda deelt het lichaam in drie constitutietypen of dosha's in: vata, pitta en kapha. De term vata verwijst naar de elementen wind en ether. Pitta verwijst naar vuur en water. Kapha verwijst naar water en aarde. Voedsel wordt op grond van zijn eigenschappen in drie categorieën ingedeeld: rajas (beweeglijk, actief), tamas (zwaar, langzaam) en sattva (licht, zuiver). Als we rajas, tamas of sattva voedsel eten, kunnen we een overeenkomstig effect op het lichaam en de geest zien. Op verschillende manieren komen we tot dezelfde conclusie: we zijn letterlijk wat we eten.

De ayurvedische richtlijnen voor het dieet zijn ontworpen om het evenwicht tussen de dosha's te herstellen. Dit is essentieel voor het handhaven van lichamelijke vitaliteit, emotionele gezondheid en innerlijke rust. Ayurvedische diëten zijn persoonlijk, gebaseerd op ieders eigen constitutie. Ieder individu heeft een unieke combinatie van de

Inleiding

---

elementen en dosha's. Daarom variëren ayurvedische dieetvoorschriften ook. Wanneer men bepaalt welk voedsel harmoniserend werkt, moet men de constitutie van het individu in aanmerking nemen, het seizoen, het weer, de tijd van de dag, de kwaliteit van het voedsel en ook de mentale en emotionele houding wanneer men honger heeft. Wanneer we voedsel tot ons nemen, nemen we deel aan het creatieve proces van de natuur. Met het voedsel dat we kiezen, kunnen we het hele lichaam verjongen of verzwakken.

Hoe we eten is net zo belangrijk als wat we eten. Als we ons emotioneel uit balans voelen, kan het voedsel dat we eten de harmonie van het lichaam verstoren. Als we te snel eten of ons overeten, maken de slecht verteerde eindproducten ons vatbaar voor ziekten. Rustig eten met een gevoel van dankbaarheid draagt bij aan het welzijn en de samenhang in het lichaam.

Het volgen van een ayurvedisch dieet is niet moeilijk. Voor al het voedsel dat bepaalde dosha's verergert, is er als alternatief volop weldadig en smakelijk voedsel, dat evenwicht kan scheppen. Als we ons afstemmen op wat er in ons lichaam gebeurt, beginnen we vaak naar natuurlijker en eenvoudiger voedsel te verlangen. Schadelijke eetgewoonten zijn meestal het resultaat van conditionering in het verleden door familie, vrienden en de samenleving. Ze kunnen losgelaten worden door te kiezen voor beter voedende alternatieven. Soms brengen zelfs een paar simpele wijzigingen in het dieet een opvallende verandering in de gezondheid tot stand.

Het hele leven wordt beïnvloed door wat we eten. Het kiezen voor gezond voedsel is een van de beste methoden om een sterk lichaam en een evenwichtige geest te creëren, terwijl we Moeder Natuur eren en al haar schepsels respecteren. We moedigen u aan om u bewust te worden van de invloed die uw voedselkeuze heeft op uzelf en op de aarde. Dat deze informatie begrip en inspiratie mag geven om ons van gezond voedsel te voorzien, waardoor het lichaam in staat gesteld wordt om een beter voertuig voor dienstverlening en bewustzijn te zijn.

Het dieet in evenwicht brengen

Omdat Ayurveda het lichaam in termen van een constitutioneel model opvat, zullen de aanbevelingen voor iedereen verschillend zijn. Ayurveda gaat ervan uit dat er elementaire krachten zijn die

Het dieet in evenwicht brengen

de natuur en mensen beïnvloeden. Het universum bestaat uit vijf hoofdelementen: ruimte, wind, vuur, water en aarde. De hele schepping is een dans of spel van deze vijf elementen. Ze werken op elkaar in om de drie dosha's te vormen, de drie lichaamsvochten vata, pitta en kapha. Het woord dosha betekent eigenlijk 'onzuiverheid' of 'onevenwichtigheid'. De dosha's zijn verantwoordelijk voor de biologische, psychologische en fysiologische processen in ons lichaam, onze geest en bewustzijn. Als de dosha's in evenwicht zijn, handhaven ze het evenwicht in ons. We hebben de dosha's allemaal in verschillende verhoudingen en relaties in ons.

Voordelen van het eten in overeenstemming met je dosha (constitutie) zijn:
- Betere gezondheid, jeugdigheid en een beter geheugen
- Meer energie, uithoudingsvermogen en kracht
- Afname in bestaande onevenwichtigheden
- Voorkomen van onevenwichtigheden
- Grotere capaciteit om stress en angst aan te kunnen
- Verbeterde slaap en concentratie
- Betere spijsvertering, stofwisseling en ontlasting
- Gezondere huid en gelaatskleur
- Het afremmen van het verouderingsproces
- Gezondere kinderen
- Sterker immuunsysteem
- Gewicht in evenwicht
- Betere beoefening van meditatie en yoga

Het volgende overzicht kan een idee geven van de dominerende dosha's. Vergeet niet dat dit een zeer algemeen overzicht is. De beste manier om je dosha en je ideale dieet te bepalen is om naar een bevoegde beoefenaar van ayurveda te gaan.

Het bepalen van je prakriti, je individuele constitutie

Aspect	Vata	Pitta	Kapha
Mentaal	snel, rusteloos	scherp, agressief	kalm, regelmatig, stabiel
Geheugen	korte termijn	goed	lange termijn
Emoties	angstig, onveilig	kwaad, prikkelbaar	gehecht, hebzuchtig
Gedachten	veranderlijk	gewoonlijk stabiel	stabiel
Concentratie	kortdurend	langer dan gemiddeld	langdurend
Dromen	angstig, actief	kwaad, vurig	waterig, kalm
Slaap	licht, gestoord	gezond, middelmatig	diep, lang
Praten	snel, onregelmatig	duidelijk, snel, vinnig	langzaam, duidelijk, lief
Stem	hoog, zwak	middelmatig	laag
Lichaamsbouw	dun	middelmatig	groot
Gewicht	laag	middelmatig	zwaar
Huid	droog, ruw	zacht, vet	dik, vet
Haartype	droog	middelmatig	vet
Haarkleur	rood, grijs	donker, licht	bruin, zwart
Hoeveelheid haar	middelmatig	dun	dik
Tanden	steken uit, misvormd	middelmatig, zacht	groot, sterk
Ogen	klein, droog, actief	scherp, doordringend	groot, aantrekkelijk

Eetlust	gering, afwisselend	sterk	stabiel
Ziektepatroon	ivm zenuwen, pijn	ivm hitte	ivm slijm
Dorst	variërend	overmatig	gering
Ontlasting	droog, hard, constipatie	vet, los, zacht	vet, dik, langzaam
Activiteit	zeer actief	matig	langzaam
Uithoudingsvermogen	redelijk	goed	groot
Kracht	redelijk	meer dan gemiddeld	groot
Pols	als slang, zwak, nauwelijks voelbaar	als kikvors, matig, springend	als zwaan, breed, langzaam
Totaal	**Vata:**	**Pitta:**	**Kapha:**

Specifieke diëten voor een bepaalde dosha zijn bedoeld om de dosha's in het lichaam in harmonie te brengen en zijn gebaseerd op de constitutie en huidige onevenwichtigheden. Als je bijvoorbeeld voornamelijk vata-kenmerken hebt of als je aan vata gerelateerde symptomen of ziekten hebt, is het het beste het vata verminderend dieet te volgen. Denk eraan dat dit algemene, globale richtlijnen zijn. Dieetvoorschriften variëren afhankelijk van het seizoen, leeftijd, spijsverteringsvermogen, plaats en klimaat. Vaak is het nodig om principes van alle dosha's te combineren met de individuele behoeften op het moment. Deze richtlijnen zijn een goed uitgangspunt. Deze lijsten bevatten met opzet geen vleesproducten en eieren, omdat die in latere hoofdstukken besproken worden.

Vata verminderend dieet

Het vataseizoen is het koude, winderige en droge seizoen. Dan nemen de vata-eigenschappen van nature toe en in die tijd moet men extra oppassen om het evenwicht te bewaren. In deze periode is het weldadig veel warm voedsel en warme dranken te gebruiken en zwaarder en vetter te eten. Eet meer zoete, zure en zoute smaken. Vermijd droog, koud en rauw voedsel en koude dranken.

Symptomen van overmaat aan vata zijn onder andere: constipatie, slapeloosheid, vermoeidheid, vermagering, winderigheid, boeren, verbleken van ontlasting en urine, zwakke zintuiglijke waarneming, angst, ongerustheid, hoog stressniveau, het koud hebben en storingen in het immuunsysteem.

Vata wordt versterkt door: scherpe, bittere en samentrekkende smaken en voedsel dat licht, droog en koud is.

Vata kan verminderd worden door zoete, zure en zoute smaken en voedsel dat zwaar, vet en warm is.

Hier is een lijst van voedselgroepen die voor de vata dosha aanbevolen worden:

Bonen: eet minder bonen, die allemaal vata versterken, behalve mungdhal. Mungbonen kunnen vaak gegeten worden, mits ze goed gekookt zijn en met spijsverteringsbevorderende kruiden. Tempé en tahoe kunnen met mate gegeten worden.

Olie: alle soorten olie verminderen vata. Sesamolie en ghi zijn het best.

Groenten: gekookte bieten, wortelen, asperges, uien, yamwortel en zoete aardappelen zijn uitstekend om vata in evenwicht te brengen. Selderij, okra's, courgettes, pompoen, groene bonen, mosterdplantjes en boerenkool zijn ook goede opties. Om vata in evenwicht te brengen is het beter rauwe groenten te vermijden. Probeer ze te koken met een beetje ghi, plantaardige olie of boter. Je kunt kleine hoeveelheden vata verminderende kruiden gebruiken. Andere groenten kun je met mate nemen, als ze goed gekookt zijn.

Specerijen: kleine hoeveelheden zwarte peper, mosterdzaad, komijn, gember, kaneel, venkel, fenegriek, koriander, geelwortel, basilicum, peterselie, cilantro, oregano, tijm, saffraan en kardemon brengen vata in evenwicht wanneer ze in het eten gekookt worden. Matig het gebruik van chili's en rode peper.

Granen: quinoa, basmatirijst, haver en gierst zijn zeer goed om vata in evenwicht te brengen. Verminder het gebruik van rogge, gerst en maïs.

Fruit: zoete en zure vruchten zijn goed voor vata. Hieronder vallen sinaasappels, avocado's, druiven, perziken, meloenen, verse vijgen, papaja's, bessen, kersen, mango's, ananas, appels, peren, dadelpruimen, bananen, limoenen, citroenen en grapefruits.

Zoetmiddelen: ruwe rietsuiker, melasse, jaggery, stevia en honing zijn het beste voor vata. Alle niet bewerkte zoetmiddelen zijn in beperkte mate acceptabel.

Noten, zaden: alle noten en zaden zijn goed voor vata wanneer ze met mate gegeten worden.

Zuivelproducten: als er geen lactose-intolerantie is, zijn alle rauwe, organische en niet gehomogeniseerde zuivelproducten goed voor vata, vooral ghi, karnemelk en yoghurt. Kook de melk en drink hem warm om de vertering te vergemakkelijken.

Pitta verminderend dieet

Het pittaseizoen is het warme en droge seizoen. In deze tijd moet je de voorkeur geven aan voedsel en dranken die afkoelen. Eet voedsel met een zoete, bittere of samentrekkende smaak. Neem ook zoete, verse vruchten en groenten die in het pittaseizoen groeien. Eet minder scherp, zuur en zout voedsel. Vermijd yoghurt, kaas, tomaten, azijn en hete specerijen omdat ze allemaal pitta versterken.

Symptomen van een overmaat aan pitta zijn onder andere: overmatige honger en dorst, brandend gevoel op de huid, in de ogen of in armen en benen, uitslag, koorts, gele verkleuring, ontstekingen, kwaadheid, uitbarstingen, haat, jaloezie en ongeduld.

Pitta neemt toe door scherpe, zure en zoute smaken en voedsel dat heet, licht en droog is.

Pitta kan verminderd worden door zoete, bittere en samentrekkende smaken en voedsel dat koud, zwaar en vet is.

Hier is een lijst van voedselgroepen die voor de pitta dosha aanbevolen worden.

Bonen: eet hoofdzakelijk adukibonen, mungbonen en tempé. Alle peulvruchten zijn weldadig behalve linzen omdat die pitta kunnen versterken. Vermijd sojaproducten zoals tahoe.

Olie: boter, ghi en olijf-, zonnebloem- en kokosolie zijn het beste voor pitta. Verminder het gebruik van amandel, maïs- en sesamolie, want die versterken pitta.

Groenten: asperges, kool, komkommer, erwten, okra, courgette, groene bonen, kliswortel, raap, pastinaak, wortels, broccoli, bloemkool, kiemen, selderij en groene bladgroenten brengen pitta in evenwicht. Rauwe salades zijn erg goed voor pitta, vooral 's zomers.

Specerijen: geelwortel, koriander, kaneel, venkel, munt en kardemon zijn geschikt voor pitta. Chili's en cayennepeper, die pitta verergeren, moet je vermijden.

Granen: gerst, haver, witte basmatirijst en spelt brengen pitta in evenwicht. Bruine rijst, maïs, gierst en rogge mogen slechts af en toe genomen worden.

Fruit: Zoete en samentrekkende vruchten zoals druiven, kokosnoten, kersen, avocado, meloenen, mango's, granaatappels, pruimedanten, sinaasappels, pruimen, appels, peren, cranberry's en ananas zijn goed. Verminder de consumptie van zure vruchten zoals olijven, onrijpe ananas en onrijpe bananen.

Zoetmiddelen: alle natuurlijke zoetstoffen zijn goed voor pitta, maar grote hoeveelheden honing moet je vermijden.

Noten en zaden: noten moeten helemaal vermeden worden. Zonnebloempitten kun je in kleine hoeveelheden nemen. Hennepzaden kun je regelmatig eten.

Zuivelproducten: als er geen lactose-intolerantie is, zijn niet gehomogeniseerde, rauwe en organische melk, boter en ghi goed voor de vermindering van pitta, mits met mate gebruikt. Verminder het gebruik van kaas, yoghurt, zure room en gekweekte karnemelk, omdat ze pitta versterken.

Kapha verminderend dieet

Het kaphaseizoen is het natte en koele regenseizoen. In het kaphaseizoen moet je licht en droog voedsel eten. Neem warm voedsel en drinken. Eet voedsel dat scherp, bitter en samentrekkend is. Vermijd voedsel dat zoet, zout of zuur is.

Symptomen van een overmaat aan kapha zijn onder andere: verlies van eetlust, een zwaar gevoel

Kapha verminderend dieet

in het lichaam, koude handen en voeten, gezwollen gewrichten, verkoudheid met slijm, te veel slapen, lethargie, dufheid, gebrek aan concentratie en gebrek aan inspiratie.

Kapha wordt versterkt door zoete, zure en zoute smaken en voedsel dat zwaar, vet en koud is.

Kapha kan verminderd worden door scherpe, bittere en samentrekkende smaken en voedsel dat licht, droog en warm is.

Hier is een lijst van voedselgroepen die voor de kapha dosha aanbevolen worden.

Bonen: alle soorten bonen zijn goed voor kapha behalve bruine bonen. Tahoe moet verminderd worden.

Olie: Vermijd grote hoeveelheden van iedere olie. Amandel- en zonnebloemolie zijn acceptabel in kleine hoeveelheden. Ghi kan in zeer kleine hoeveelheden met specerijen gebruikt worden.

Groenten: groenten moeten gekookt en goed gekruid worden. Alle groenten zijn goed voor kapha behalve komkommers, aubergine, pompoen, spinazie, zoete aardappelen en tomaten. Voor kapha zijn vooral goed: radijs, rapen, donkere bladgroenten, selderij, kool en kiemen.

Specerijen: vermijd zout, omdat het kapha vermeerdert. Alle specerijen zijn goed voor kapha, vooral cayennepeper, zwarte peper, knoflook, gember, zwarte mosterdzaden en chili's omdat die het spijsverteringsvuur aanwakkeren.

Granen: de granen die het best bij kapha passen zijn gerst, quinoa, amarant, boekweit, rogge en maïs. Vermijd tarwe en rijst. Gierst kan slechts af en toe genomen worden.

Fruit: eet lichtere, wrangere vruchten, waaronder bosbessen, abrikozen, bessen, appels en granaatappels. Gedroogd fruit zoals rozijnen en pruimedanten zijn weldadig voor kapha. Vermijd zware, zeer zoete en zure vruchten zoals druiven, bananen, vijgen, sinaasappels, kokosnoten, ananas, dadels en meloenen omdat die kapha versterken.

Zoetmiddelen: honing en stevia zijn geschikte zoetmiddelen voor kapha. Alle andere zoetstoffen moeten vermeden worden.

Noten en zaden: neem zo min mogelijk noten. Neem pompoenzaden, hennepzaden en zonnebloempitten met mate.

Zuivelproducten: niet gehomogeniseerde, rauwe organische geitenmelk en kleine hoeveelheden karnemelk met kruiden kun je af en toe nemen. Kaphapersonen moeten zuivel zo veel mogelijk vermijden.

Overzicht voor voedselcombinaties

Om een goede spijsvertering en stofwisseling te bevorderen is het het beste om voedselcombinaties eenvoudig te houden. Veel ingrediënten mengen kan indigestie, opzwelling, winden en een ongemakkelijk gevoel veroorzaken. Onjuiste voedselcombinaties laten het voedsel in de maag fermenteren, waardoor het spijsverteringsvuur getemperd wordt en giften gevormd worden. Voor een goede voedselopname en om te vermijden dat men zich na maaltijden opgeblazen of moe voelt zijn hier enkele punten over gezonde voedselcombinaties.

Eet:	niet met:
Bonen	fruit, kaas, eieren, vis, melk, vlees, yoghurt
Eieren	fruit, bonen, kaas, vis, kichari, melk, vlees, yoghurt
Granen	fruit
Fruit	ieder ander voedsel behalve dadels en amandelen

Hete dranken	mango's, kaas, vis, vlees, zetmeel, yoghurt, grote maaltijden
Citroenen	komkommers, melk, tomaten, yoghurt
Meloenen	ieder ander voedsel; neem slechts een soort meloen tegelijk
Melk	fruit, brood, vis, kichari, vlees
Nachtschaden	komkommers, zuivelproducten
Radijzen	bananen, rozijnen, melk
Tapioca en yoghurt	fruit, kaas, eieren, vis, hete dranken, vlees, melk, nachtschaden

Zuur en basisch

Als het lichaam te zuur is, kunnen zich symptomen manifesteren als vermoeidheid, artritis, indigestie, maagzuur, zweren, hoofdpijn, slapeloosheid, gespannenheid en osteoporose. Chronische zuurheid versnelt het verouderingsproces en veroorzaakt weefseldegeneratie. Een dieet van voornamelijk verse vruchten en groenten met kleinere hoeveelheden hele granen en eiwit maakt het lichaam meer basisch. Een dieet gebaseerd op vlees, bewerkt voedsel of erg veel koolhydraten maakt het lichaam zuur. Het is het beste 80% basisch makend voedsel en 20% zuurmakend voedsel te eten.

Zuur en basisch

Zuurmakend voedsel

Fruit
Cranberry's, Bosbessen

Granen
Amarant
Boekweit
Gerst
Haver (geplet)
Kamut
Maïs
Quinoa
Rijst
Rijstemelk
Rogge
Spelt
Tarwebloem
Witte deegwaren

Medicijnen en chemicaliën
Chemicaliën
Herbiciden
Medicijnen
Pesticiden

Noten en pasta's
Amandelmelk
Cashewnoten
Paranoten
Pecannoten
Pinda's
Pindakaas
Tahin
Walnoten
Zwarte thee

Peulvruchten
Bruine bonen
Groene erwten
Kikkererwten
Linzen
Pinda's
Pintobonen
Rode bonen
Sojabonen
Sojamelk
Witte bonen
Zwarte bonen

Vetten en olie
Avocado-olie
Canola (Canadese genetisch gemanipuleerde raapolie)
Geharde olie
Lijnzaadolie
Maïsolie
Margarine
Olijfolie
Saffloerolie
Sesamolie
Varkensvet
Zonnebloemolie

Zoetmiddelen
Kunstmatige zoetmiddelen
Witte suiker

Zuivel
Boter
Eieren
IJs
Kaas
Melk
Zuivelproducten met fruit

Overige
Aardappelen
Alcohol
Alle vlees
Chemisch behandeld water
Chocolade
Dranken met koolzuur
Gedistilleerde azijn
Ingeblikt voedsel
Koffie
Tarwekiemen
Tomaten
Voedsel uit de magnetron
Zout met jodium

Ayurvedische Voeding

Basisch makend voedsel

Eiwitten
Amandelen
Gekiemde zaden en noten
Gierst
Kastanjes
Lijnzaad
Pompoenzaden
Tahoe
Zonnebloempitten

Fruit
Abrikozen
Alle bessen
Appels
Avocado's
Bananen
Citroenen
Dadels
Druiven
Grapefruits
Kersen
Kokosnoten
Limoenen
Mandarijnen
Meloenen
Nectarines
Peren
Perziken
Sinaasappels
Suikermeloenen
Tropische vruchten
Vijgen
Watermeloenen

Groenten
Alfalfa
Asperge
Bieten
Bloemkool
Boerenkool
Broccoli
Chlorella
Erwten
Gefermenteerde groenten
Gerstegroen
Kiemen
Knoflook
Komkommer
Kool
Koolraap
Mosterdplanten
Paardebloemen
Paddestoelen
Paprika
Pastinaken
Pompoen
Selderij
Sla
Snijbiet
Spirulina
Spruitjes
Tarwegroen
Uien
Wortelen
Zeegroenten

Specerijen/kruiden
Alle kruiden
Cayennepeper
Gember
Kaneel
Kerrie
Miso
Mosterd
Tamari
Zeezout

Zoetmiddelen
Stevia

Overige
Appelcider
Azijn
Banchathee
Ginsengthee
Groentesappen
Kombucha
Kruidenthee
Mineraalwater
Organische melk
Probiotische culturen
Stuifmeel van bijen
Vers vruchtensap

Biologisch voedsel

*"De natuur geeft al haar rijkdom
aan de mensheid.
Zoals de natuur zich eraan wijdt ons
te helpen, moeten wij ons er ook aan
wijden de natuur te helpen.
Alleen dan kan de harmonie tussen de
natuur en de mensheid bewaard worden."*

– Amma

Duizenden jaren zijn in de traditionele landbouw methoden gebruikt die het ritme van de natuur respecteerden en zijn uitsluitend stoffen gebruikt die door de natuur verschaft werden. Door het wijdverspreide gebruik van kunstmest, pesticiden en onkruidverdelgers in de landbouw is het evenwicht in de natuur verstoord, wat niet alleen het welzijn van onze uiterlijke omgeving, maar ook van onze innerlijke systeem bedreigt.

Veel boeren die deze schadelijke effecten opgemerkt hebben, zijn teruggekeerd naar methoden van biologische landbouw die de vruchtbaarheid van de bodem vergroten en de harmonie in de natuur herstellen. Dat betekent dat zij gebruik maken van natuurlijke toevoegingen zoals compost, dierlijke mest en biodynamische preparaten, maar ook letten op de nodige wisseling van gewassen. Planten die op een evenwichtige, vruchtbare bodem gekweekt zijn, zijn gezond en sterk. Ze hebben weerstand tegen ziekten en ongedierte zoals een gezond en gelukkig mens weerstand heeft tegen ziekte.

Pesticiden en kunstmest zijn niet nodig in de landbouw. Ze zijn vernietigend voor het bodemleven en de gezondheid van de planten. Resten van giftige pesticiden en herbiciden stapelen zich in het menselijk weefsel op, als ze met ons voedsel naar binnen komen. Ze komen uiteindelijk ook in de waterwegen terecht, waardoor de schadelijke invloed zich wijd over de natuur verspreidt. Over de hele wereld wordt per jaar meer dan twee miljoen ton pesticiden gebruikt.

Gegarandeerd biologisch voedsel is niet alleen vrij van chemicaliën, maar wordt na de oogst ook nooit bestraald. Om gegarandeerd biologisch te zijn moeten producten gekweekt worden in grond, waarvan is aangetoond dat er geen zware metalen in zitten. Er bestaat wetenschappelijk bewijs dat de ophoping van de bovengenoemde giffen in ons lichaam tot een grote verscheidenheid aan gezondheidsproblemen kan leiden, waaronder een verzwakt afweersysteem, kanker, allergieën,

Biologisch voedsel

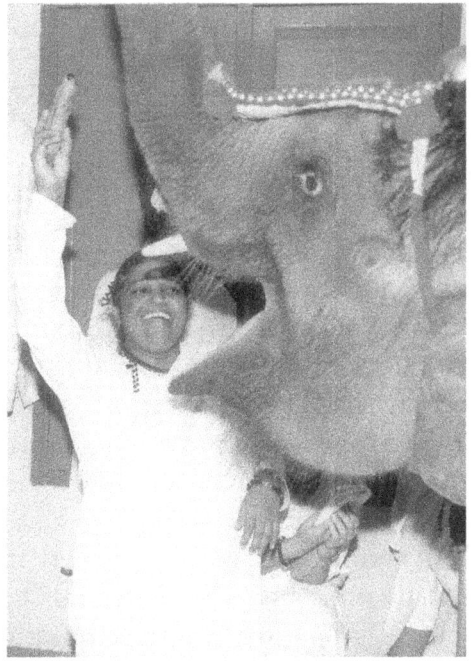

auto-immuunziekten, verminderde vruchtbaarheid en afwijkingen bij de geboorte. Per jaar lijden er bijna vijf miljoen mensen over de hele wereld aan pesticidenvergiftiging. Verder sterven er ieder jaar 10.000 mensen aan deze vergiftigingen. Studies hebben aangetoond dat de levensduur van conventionele boeren significant korter is dan die van bioboeren.

Op het ogenblik wordt veel commercieel, niet biologisch voedsel genetisch gemanipuleerd. Genetisch gemanipuleerde organismen (GMO's) vormen een ernstig gevaar voor zowel mensen als het ecosysteem. Veel diersoorten, zoals de monarchvlinder, sterven uit door GMO's. Voor vegetariërs vormen GMO's ook een probleem, omdat ze vaak van dierlijk DNA afkomen. Veel deskundigen veronderstellen dat GMO-voedsel uiteindelijk zelfs het menselijk DNA zal veranderen. Omdat GMO's een recente uitvinding zijn, zijn de effecten op lange termijn niet bekend.

In India en andere ontwikkelingslanden promoten westerse ondernemingen die pesticiden en GMO's produceren, op een agressieve manier het zeer intense gebruik van chemicaliën in de landbouw. Dit leidt tot ernstige uitputting van de bodem en verontreiniging van het water. Veel insecten ontwikkelen een sterke weerstand tegen pesticiden en soms hebben zelfs enorme hoeveelheden chemicaliën geen effect meer. Daardoor hebben veel boeren jaar in jaar uit weinig of geen opbrengsten. Omdat ze zich bij deze chemische bedrijven diep in de schulden gestoken hebben, worden ze wanhopig. Daarom plegen veel Indiase boeren zelfmoord door pesticiden te drinken. Amma heeft haar bezorgdheid hierover uitgesproken en werkt eraan deze boeren en hun gezinnen te helpen. Wanneer we voor biologisch, niet gemanipuleerd voedsel kiezen, kunnen we onze bijdrage leveren om deze tragische situatie te beëindigen.

Gegarandeerd biologisch voedsel heeft een veel hogere voedingswaarde dan niet-biologisch voedsel. De consument krijgt dus meer waar voor zijn geld. Veel mensen vinden ook dat biologisch voedsel beter smaakt. Biologische producten hebben meer levenskracht (prana) dan niet biologisch voedsel. Daarom is het duidelijk dat het eten van biologisch voedsel de eerste stap is naar persoonlijke en mondiale gezondheid.

Water, de bron van het leven

Water is essentieel voor het leven. Ons lichaam bestaat voor 80% uit water. Het belang van het handhaven van de innerlijke watervoorraad kunnen we zien als we vers fruit vergelijken met uitgedroogd fruit. Het enige verschil is de hoeveelheid water. Zonder voldoende water wordt het lichaam droog, taai en stijf. Water brengt zuurstof, voedingsstoffen en leven naar onze cellen. Mensen kunnen zeer lang zonder voedsel, maar slechts een korte tijd zonder water overleven. Tegen de tijd dat we dorst krijgen, is ons lichaam al erg uitgedroogd. De gewoonte om de hele dag door regelmatig water te drinken zal ons meer energie, vitaliteit en verjonging geven.

Om uitdroging te voorkomen is het belangrijk om minstens 2 tot 3 liter water per dag te drinken. Dorst wordt vaak voor honger aangezien. Vaak zal het drinken van water een vals verlangen naar eten wegnemen. Zonder voldoende water kunnen de voedingstoffen uit het voedsel niet goed opgenomen worden en kunnen gifstoffen niet volledig geëlimineerd worden. Uitdroging of dehydratie is een belangrijke oorzaak van constipatie.

Drink alleen zuiver bronwater of gefilterd water. Door EM-X ceramieken toe te voegen of het water te schudden komt er zuurstof in het water. Zo ondergaat het celherstructurering, voorziet het het bloed en de lymfe gemakkelijker van zuurstof en geeft het energie aan de cellen. Gemeentelijk drinkwater in het Westen is vaak verontreinigd met schadelijke chemicaliën, die mineralen aan de botten en het bloed onttrekken. Deze chemicaliën kunnen tot ernstige gezondheidsproblemen leiden zoals immuunstoornissen, slechter functioneren van de zenuwen, osteoporose, misselijkheid en verzuring. Vermijd ook het drinken uit zeer dunne plastic waterflessen omdat plastic kankerverwekkende stoffen bevat, die het water kunnen verontreinigen.

Nieuw leven geven aan voedsel

Hoewel het niet altijd mogelijk is biologisch voedsel en zuiver water te krijgen, is het wel mogelijk om verarmd voedsel tot leven te brengen door tijdens het koken en voor het eten mantra's te herhalen. Het is wetenschappelijk aangetoond dat het herhalen van mantra's en bidden voedsel en water fysiek weer tot leven brengt. Doctor Masaro Emoto, een wetenschapper uit Japan, heeft aangetoond dat mantra's, dankbaarheid en een liefdevolle intentie de cellulaire structuur van water onmiddellijk veranderen. Dit geldt ook voor planten en voedsel.

Voedselallergieën

Een verrassend aantal gezondheidsproblemen komt voort uit voedselallergieën en overgevoeligheden. De meest voorkomende voedselallergieën zijn die voor tarwe, suiker en zuivelproducten. Het schrappen van deze ingrediënten kan veel gezondheidsproblemen oplossen. Een manier om je eigen voedselallergieën te ontdekken is om het verdachte allergeen zeven tot tien dagen niet te eten, het daarna weer aan het dieet toe te voegen en het effect op het lichaam te observeren. Ook allopathische allergietesten en ayurvedische polsdiagnose zijn effectieve methoden om voedselallergieën vast te stellen. Soms zijn voedselallergieën afhankelijk van de hoeveelheid voedsel die men eet. Sommige mensen hebben bijvoorbeeld geen probleem als ze een klein beetje tarwe eten, maar als ze grote hoeveelheden eten, krijgen ze indigestie.

Candidiasis gaat vaak samen met voedselallergieën. Het is een te snelle groei van de gist Candida Albicans, die op zich een normaal onderdeel van de darmflora is. De welige groei kan veroorzaakt worden door geraffineerde suiker of koolhydraten, door gist, antibiotica, alcohol, stress en bepaalde medicijnen zoals de anticonceptiepil. Candidiasis veroorzaakt talloze intestinale, immunologische, neurologische en andere aandoeningen. Symptomen zijn onder andere vermoeidheid, spijsverteringsproblemen, hoofdpijn, vaginale infecties en verminderde immuniteit.

Tarwe

De helft van de mensen heeft een allergie of overgevoeligheid voor tarwe. Symptomen die voortkomen uit het onvermogen om tarwe op te nemen zijn onder andere: hoofdpijn, een opgeblazen gevoel in de maag, diarree, constipatie, vermoeidheid, uitslag, artritis, borstpijn, depressie, stemmingswisselingen, eczeem, duizeligheid, gewrichts- en spierpijn, misselijkheid, overgeven, hartkloppingen, psoriasis, niezen, hoesten, een opgezwollen tong of keel, moeilijkheden bij het inslapen of opstaan, een druipneus, waterige of jeukende ogen en gebrek aan concentratie.

Ziekten en afwijkingen waarvan men ontdekt heeft dat ze direct in verband staan met tarweallergie zijn onder meer: artritis, arteriosclerose, reuma, immuunstoornissen, multiple sclerose, de ziekte van Alzheimer, de ziekte van Parkinson, PDS (prikkelbare-darmsyndroom), darmkanker, baarmoederkanker, borstkanker, lymfkliergezwel, hartziekten, de ziekte van Crohn, jicht, hoge bloeddruk en maagzuur.

Voor degenen die niet overgevoelig voor tarwe zijn en geen candidiasis hebben, is het zeer voedzaam. Het is een zeer versterkend graan. Het helpt bij de opbouw van spierweefsel en geeft energie voor fysieke inspanning. De beste manier om tarwe te eten is gekiemd of als chapatti's. Het vermindert sterke vata, omdat het de geest kalmeert en het hart versterkt. Het is ook heel goed tegen slapeloosheid. Omdat tarwe voornamelijk uit het aarde-element (kapha) bestaat, moeten degenen die overmaat aan kapha hebben, de consumptie ervan minimaliseren. Het gebruik van tarwe moet beperkt worden wanneer er gifstoffen in het lichaam aanwezig zijn en wanneer men verkouden is of last van congestie heeft.

Alternatieven voor tarwe

Er zijn veel soorten brood die tarwe- of glutenvrij zijn, zoals spelt- en ragibrood. Spelt- en rijstmacaroni zijn een prachtig alternatief voor pasta's. Veel granen zoals haver en quinoa zijn smakelijke en voedzame voedingsmiddelen. In India zijn dosha's, utapam en idly's goede tarwevrije mogelijkheden.

Suiker

Intolerantie voor geraffineerde suiker komt zeer vaak voor en manifesteert zich in chronische vermoeidheid, depressie, stemmingswisselingen, gedrags- en leerstoornissen, slechte concentratie, ingewandstoornissen en hoofdpijn. Vaak verlangen mensen naar het voedsel dat ze niet kunnen verdragen of raken ze er zelfs verslaafd aan. Dit gebeurt vaak met suiker en leidt tot eetvlagen.

Bewerkte suiker veroorzaakt niet alleen allergische reacties, maar beïnvloedt onze gezondheid ook op andere manieren. Het heeft niet voldoende voedingswaarde. Het is een bron van energie, maar heeft geen vitaminen en mineralen. Om witte suiker te verteren en gebruiken moet het lichaam zijn eigen vitaminen, mineralen en voedingsstoffen gebruiken, vooral kalium, magnesium, calcium en vitamine B. Dit kan leiden tot gebrek aan voedingsstoffen, als men grote hoeveelheden geraffineerde suiker eet. Het eten van aanzienlijke hoeveelheden geraffineerde suiker gaat samen met de ontwikkeling van zwaarlijvigheid, suikerziekte, hoge bloeddruk en hart- en vaatziekten. Er is een mondiale epidemie van deze ziekten en zelfs jonge mensen lijden hieraan. Het veroorzaakt ook tandbederf. Het eten van grote hoeveelheden geraffineerde suiker kan een negatief effect op de darmflora hebben, wat slecht functioneren van de darmen zoals candidiasis veroorzaakt. Eeuwenlang hebben natuurgenezers het verband tussen gezonde ingewanden en een gezond lichaam ingezien, wat nu wetenschappelijk bewezen is. Er is een direct verband tussen een gezonde darmflora en het functioneren van het immuunsysteem aangetoond.

De meeste mensen gebruiken veel meer geraffineerde suiker dan het lichaam in energie kan omzetten. In Amerika gebruikt men per persoon per jaar gemiddeld 59 kilo suiker, wat neerkomt op 150 gram geraffineerde suiker per persoon per dag. Vaak zijn consumenten zich niet bewust van de grote hoeveelheden geraffineerde suiker die zich in verpakt voedsel bevinden.

Alternatieven voor witte suiker

In de ayurvedische traditie wordt niet-geraffineerde rietsuiker als een tonicum gebruikt om te verjongen en zwakte tegen te gaan. Het zit vaak in medische preparaten zoals chayawanprash.

Jaggery: jaggery van goede kwaliteit is een uitstekende vervanger omdat het vol verteerbare mineralen zit en het bloedsuikerniveau niet opzweept zoals witte suiker doet. Het is ook veel gemakkelijker voor de lever en de milt.

Stevia: stevia is het perfecte zoetmiddel, omdat het heilzame voedingsstoffen bevat. Onderzoek laat nu zien dat het zelfs diabetes verbetert door bloedsuikerniveaus in evenwicht te brengen.

Fruit: natuurlijke en geëxtraheerde vruchtensuikers zijn een veel betere keuze dan witte suiker, maar zij veroorzaken wel een hoge piek in het bloedsuikerniveau. Degenen die een hoog candidaniveau hebben, moeten oppassen hiervan niet te veel te eten.

Sucanat en turbinado: dit is zuivere, ongeraffineerde rietsuiker. Sucanat van goede kwaliteit zit vol mineralen en kan een goede invloed hebben op de lever, milt en pancreas. Nogmaals, mensen die een hoog candidaniveau hebben of gevoelig zijn voor suiker, moeten alle suikers tot een minimum beperken.

Dadelstroop en **zwarte stroopmelasse:** beide bevatten waardevolle voedingsstoffen zoals ijzer.

Honing en **nectar:** bevatten allebei talloze voedingsstoffen en versterken de opname van voedingsstoffen in het lichaam. Ayurveda zegt dat honing nooit gekookt mag worden. Gekookte honing verandert in een plakkerige, lijmachtige stof die zich op de slijmvliezen vastzet en de grove en subtiele kanalen verstopt, wat giffen produceert. Ongekookte honing wordt als amrita (nectar) beschouwd.

Synthetische zoetstoffen zijn geen goede vervangers voor suiker. In laboratoriumonderzoek heeft men aangetoond dat het kankerverwekkende giffen voor het zenuwstelsel zijn.

Melk en zuivel

Minstens een op de vijf mensen heeft lactose-intolerantie. Lactose-intolerantie geeft gelijke aandoeningen als tarwe- en suikerintolerantie. Wanneer men niet lactose-intolerant is, kan rauwe, biologische, niet gehomogeniseerde, niet gepasteuriseerde melk vele gezonde effecten hebben. Het is het bewerken van de melk, niet de melk zelf, dat tot onevenwichtigheid in het menselijk lichaam leidt.

Traditioneel werd melk in de ayurveda als volledig en volmaakt voedsel beschouwd. Het werd door de yogi's en rishi's dagelijks gebruikt om hun gezondheid te versterken. Helaas is melk van zuivere kwaliteit tegenwoordig niet gemakkelijk te krijgen. In het verleden liepen de koeien vrij rond, ademden frisse lucht in, graasden zuiver gras, absorbeerden zuiver zonlicht en werden met liefde en respect behandeld.

Tegenwoordig worden de meeste zuivelkoeien in een beperkte ruimte opgesloten en vol hormonen en antibiotica gepompt zodat ze groter worden en meer melk produceren. Als ze niets meer produceren, belanden de meeste koeien in het slachthuis.

Veel ondernemingen gebruiken nu extreem grote hoeveelheden groeihormonen en antibiotica voor hun koeien en sommige maken hiermee zelfs reclame als een groot pluspunt. Dit toont een groot gebrek aan begrip. Men gelooft dat het gebruik van commerciële zuivelproducten bijdraagt aan de toenemende weerstand tegen antibiotica en de verstoring van de darmflora in het menselijk lichaam. De effecten van geconsumeerde groeihormonen zijn niet helemaal duidelijk. Er zijn aanwijzingen dat ze het immuun-, hormoon- en zenuwstelsel nadelig beïnvloeden. Er is misschien ook een verband met de toename van bepaalde kankersoorten, vooral borstkanker.

Pasteurisatie is een sterilisatieproces, waarbij producten tot een extreem hoge temperatuur verhit worden om mogelijk schadelijke bacteriën te vernietigen. Pasteurisatie dient als conserveermiddel en om de houdbaarheid te verlengen. Bij dit proces gaan waardevolle vitaminen verloren en vinden veranderingen plaats in de chemische structuur van de melk. Ayurveda verklaart dat door pasteurisatie enzymen in de melk verloren gaan. Dit resulteert in slechte opname en toename van gifstoffen in de dikke darm.

Homogenisering werd in 1932 geïntroduceerd. Het is een procedure waarbij onder een druk van 300 kilo per vierkante centimeter melk door zeer fijne filters en leidingen geperst wordt. Dit breekt de vetcellen af en brengt ze in een fijne suspensie. In deze vorm kan het lichaam de melk niet goed opnemen of gebruiken. Vet wordt afgezet op de wanden van slagaders en vormt arteriosclerotische plak. Als de arteriosclerose vordert, kan het tot hartaanvallen en beroertes leiden. Studies tonen aan dat onverteerde moleculen van gehomogeniseerde melk ook kunnen bijdragen aan prostaatvergroting en kanker. Afgeroomde of magere melk zijn niet anders. Pasteurisatie en homogenisering veranderen toch de chemische structuur van de melk.

Door al deze factoren kunnen de gebruikelijke zuivelproducten talloze problemen veroorzaken waaronder maagzuur, krampen, misselijkheid, diarree, winderigheid, opzwelling, neusverstoppingen, neusslijm en slijmplak in de dikke darm. Daarom is de gezondste manier van zuivel eten om biologische, niet gehomogeniseerde en niet gepasteuriseerde zuivelproducten te nemen van koeien die liefdevol behandeld zijn.

Gezonde zuivelproducten

Rauwe melk is veel makkelijker te verteren dan gehomogeniseerde zuivel. Het voedt het weefsel, de botten en het haar. Een goed alternatief voor gehomogeniseerde melk is hormoon- en antibioticavrije koeien-, geiten- of schapenmelk en die zelf een minuut of twee te koken om hem te steriliseren zonder de voedingsstoffen al te veel te beschadigen. Rauwe melk kan ook in een gezonder soort kaas of yoghurt omgezet worden. Een alternatief voor mensen met lactose-intolerantie zijn zuivelproducten van geiten en schapen. Deze bevatten veel minder lactose. Wanneer ze met mate gebruikt worden, worden ze vaak makkelijker verteerd dan koeienzuivel.

Voordat de homogenisering bestond, gebruikte men in veel culturen zuivelproducten als hoofdvoedsel. Melk in zuivere vorm is veel gezonder voor het lichaam. Volgens de ayurveda echter moet het gebruik van zuivelproducten aangepast worden aan iemand dosha's (zie de sectie over dieet en dosha's eerder in dit boek).

Ghi (geklaarde boter) is ongezouten boter die gekookt is, zodat alle onzuiverheden eruit komen. Het kan zonder koeling bewaard worden. Het voedt alle dhatu's (weefsels), verbetert de voedselopname en absorptie, voedt het zenuwstelsel en smeert de gewrichten en spieren. Het vermeerdert ook de spijsverteringsenzymen en is goed voor de lever. Het is een gezonde vorm van vet, omdat het het cholesterolgehalte niet verhoogt en HDL

(Hoge Dichtheid Lipoproteïne, 'gezond' cholesterol) opbouwt. In tegenstelling tot de meeste oliën kan ghi lang gekookt worden zonder vrije radicalen te creëren. Ghi kan voor koken gebruikt worden. Het wordt vaak als draagstof voor ayurvedische medicijnen gebuikt, omdat het voedingsstoffen tot diep in het lichaam brengt.

Alternatieven voor melk zijn wereldwijd steeds beter verkrijgbaar. Rijstemelk, hennepmelk, amandelmelk, havermelk en hazelnootmelk worden als alternatieven voor zuivel gemaakt. Dit zijn uitstekende opties voor mensen met lactose-intolerantie. Sojamelk, dat makkelijker verkrijgbaar is dan de andere zuivelalternatieven, moet voorzichtig gebruikt worden. Veel mensen zijn ook overgevoelig voor soja en kunnen problemen hebben bij het verteren van sojaproducten. Er zijn ook alternatieven voor yoghurt en kaas verkrijgbaar.

Wat ligt daar op je bord?

Omdat ziekten en aandoeningen snel toenemen, voelen veel mensen de noodzaak om belangrijke veranderingen in hun dieet aan te brengen. Er zijn talloze 'voedingsmiddelen' die wij dagelijks gebruiken en die snel onze gezondheid vernielen, fysiek, mentaal, emotioneel en spiritueel. Het doel van dit hoofdstuk is het bewustzijn te verhogen zodat je een overwogen keuze kunt maken over de brandstof (het voedsel) dat je in je voertuig (het lichaam) stopt.

Hier is een lijst van stoffen die onze gezondheid en levensduur sterk verminderen:
- geraffineerd zout
- cafeïne
- kunstmatig bewerkt voedsel
- vet voedsel
- gefrituurd voedsel
- vezelloos voedsel
- chemische toevoegingen en conserveermiddelen
- spuitwater en koolzuurhoudende onnatuurlijke dranken
- alcohol

Zout: ayurveda zegt dat zout pitta en kapha vermeerdert en vata vermindert. Kleine hoeveelheden zout vergroten de eetlust en verbeteren de smaak. In overmaat verergert zout de dosha's, oververhit het het zenuwstelsel en verzwakt het de spijsvertering. Over het algemeen gebruiken mensen overmatige hoeveelheden bewerkt zout in de vorm van anorganisch natriumchloride. Zout

Wat ligt daar op je bord?

is net als suiker in veel bewerkt voedsel verborgen. Het werkt zeer verslavend en wanneer het overmatig gebruikt wordt, veroorzaakt het aan kapha gerelateerde ziekten als: hoge bloeddruk, verzwakking van de botten, verzwakte nieren, vasthouden van vocht, verharding van de bloedvaten en zwakte van de bronchiën en longen.

Gezond zout is onder meer organisch zeezout, rotszout, vloeibare aminozuren en himalayazout, die allemaal in water oplosbare en makkelijk opneembare mineralen bevatten. Zeewier is een uitstekend alternatief voor bewerkt zout, vol sporenelementen en mineralen. Ze geven het voedsel een zoute smaak, terwijl ze het bloed en het lichaam alkalisch maken en van zuurstof en mineralen voorzien. Zeewier is ook goed voor het verwijderen van zware metalen en chemicaliën uit het lichaam. Alle zeewieren zijn gezond. Dulse, arame, hijiki, wakame en kombu kun je in de meeste reformwinkels en Aziatische winkels krijgen. Een ander goed alternatief is miso, dat het voedsel een zoute smaak geeft, terwijl het de spijsvertering helpt en het lichaam alkalisch maakt.

Cafeïne: dit zit in thee, koffie, chocolade en cola. Veel mensen verdragen cafeïne niet en raken er verslaafd aan. Algemene symptomen hiervan zijn onder andere: chronische vermoeidheid, hoge bloeddruk, hartkloppingen, stress, angst, stemmingswisselingen, prikkelbaarheid, kwaadheid, slapeloosheid, misselijkheid, indigestie, constipatie, diarree en lever- en nierproblemen. Het is een stimulerend middel en voortdurend gebruik put vaak de reserves van het lichaam uit. Dit verzwakt de bijnieren, het zenuwstelsel en immuunsysteem en zet die onder druk. Overmatige consumptie kan leiden tot osteoporose en gebrek aan voedingsstoffen. Het beste is om cafeïne te vermijden, dit geldt vooral voor mensen met gezondheidsproblemen of een gevoelige constitutie.

Koffie veroorzaakt veel meer problemen dan thee omdat er meer cafeïne en andere actieve stoffen in zitten, zoals methylxanthine dat de maagwand kan irriteren en nuttige bacteriën kan doden. Zwarte thee van goede kwaliteit die met mate gedronken wordt, kan voor bepaalde ziekten goed zijn. Overmatig gebruik kan echter de opname van ijzer, calcium en zink uit het voedsel verhinderen, vooral als het tijdens maaltijden gebruikt wordt. Zwarte thee moet vooral vermeden worden door degenen die aandoeningen hebben door een overmaat aan vata en pitta, zoals een zwak zenuwstelsel, leverproblemen, slapeloosheid, ADD (Attention Deficit Disorder, aandachtstekortstoornis) en ADHD (Attention Deficit Hyperactivity Disorder) en hyperaciditeit

Er zijn verschillende alternatieven voor koffie en zwarte thee. Groene thee bevat veel anti-oxidanten en het vermindert bepaalde infecties en kanker. Yerba Mate, een kruidenthee uit Zuid-Amerika, is een uitstekende vervanging. Hoewel het wat cafeïne bevat, beschadigt het het zenuwstelsel en de spijsverteringsorganen niet zoals koffie. Het bevat 24 vitaminen en mineralen, 15 aminozuren, een overvloed aan anti-oxidanten en chlorofyl. Granenkoffie, geroosterde cichorei en paardebloemwortel kunnen allemaal gebruikt worden als vervanging voor de smaak van koffie en bevatten geen cafeïne. Veel natuurlijke kruidenthees hebben talloze positieve uitwerkingen op de gezondheid en zijn cafeïnevrij.

Een goed alternatief voor chocolade is cacao of chocolade in zijn ruwe, niet bewerkte vorm. Cacao is het zaad van een vrucht van een boom die 'theobroma' heet, wat letterlijk 'voedsel voor de goden betekent'. Cacaobonen bevatten geen suiker en zitten barstensvol voedingsstoffen. Wanneer men van cacao chocolade maakt door zuivel en suiker toe te voegen, verliest het veel gezonde eigenschappen. In ruwe vorm heeft cacao een overvloed aan anti-oxidanten en vitamine B en ook magnesium, dat de chemie in de hersenen in evenwicht brengt en sterke botten opbouwt. Hoewel chocolade aanzienlijk minder cafeïne bevat dan koffie, bevat pure cacao nog subtielere hoeveelheden. Recent onderzoek toont aan dat ruwe cacao opvrolijkende eigenschappen heeft.

Bewerkt voedsel: bewerkt voedsel zoals gebleekt meel en geslepen rijst hebben te weinig mineralen en vitaminen. Wanneer het graan gepeld wordt, gaan veel voedingstoffen verloren. Het eten van deze producten onttrekt vitamine B aan het lichaam, wat tot vermoeidheid leidt. Het verzwakt ook de botten, verhoogt de bloedsuikerspiegel en veroorzaakt constipatie door gebrek aan vezels in het voedsel. Ongeraffineerd, niet bewerkt, volledig voedsel is altijd een gezondere keuze.

Vet voedsel: het menselijk lichaam heeft een bepaalde hoeveelheid goede vetten nodig om een gezond evenwicht te bewaren. Vetten geven het lichaam twee keer zoveel energie als koolhydraten en zijn nodig voor de opname van bepaalde vitaminen (A, D, E en K). Essentiële vetzuren zijn nodig voor de gezondheid. Verzadigde vetten worden verkregen uit dierlijk vet en kokosnoot.

Wat ligt daar op je bord?

Een overmatige consumptie van dierlijke vetten kan een verhoogd cholesterolgehalte, hartziekten, vaatziekten en zwaarlijvigheid veroorzaken. Meervoudig onverzadigde vetten komen uit groenten en zijn in de juiste hoeveelheid gezond. In overmaat kunnen ze dezelfde problemen als verzadigde vetten veroorzaken. De enkelvoudig verzadigde vetten worden als de gezondste beschouwd.

Geharde vetten en transvetzuren zijn oliën die aangepast zijn om de houdbaarheid te verlengen. Ze zijn vast bij kamertemperatuur en komen vaak voor in margarine, bewerkt voedsel en gefrituurd voedsel. Ze zijn erg giftig omdat ze de cholesterol aanzienlijk meer verhogen dan verzadigde vetten en vrije radicalen in het lichaam creëren. Vrije radicalen zijn onstabiele zuurstofmoleculen met ongepaarde elektronen. Deze reageren en veroorzaken vernieling in het lichaam door de celstructuur, de celmembranen, vet, eiwitten, het DNA en RNA ernstig te beschadigen. Ze dragen in grote mate bij aan kanker, hartziekten, artritis, reuma, jicht, hersendegeneratie, de ziekten van Parkinson en Alzheimer en seniliteit. Schade door vrije radicalen versnelt het verouderingsproces van het lichaam. Vrije radicalen worden enigszins onschadelijk gemaakt door vers fruit, kruiden en groenten.

De gezondste vetten zijn kokosolie, ghi, plantaardige olie van goede kwaliteit en olie die rijk is aan essentiële vetzuren zoals olie van hennepzaad, lijnzaad en teunisbloem. Mensen die een zwakke spijsvertering, hoog cholesterolgehalte of kapha-gerelateerde ziekten hebben, moeten het gebruik van alle soorten olie beperken.

Gefrituurd voedsel: het meeste gefrituurde voedsel wordt gebakken in olie van zeer slechte kwaliteit bij zeer hoge temperatuur. Frituurolie is vaak gehard en is zeer schadelijk voor het lichaam, wat we al uitgelegd hebben. Gefrituurd voedsel bevordert ook zwaarlijvigheid en verhoogt het cholesterolgehalte. Dit kan tot hartaanvallen en beroertes leiden. Het frituren van voedsel vernielt de voedingsstoffen en veroorzaakt indigestie, constipatie, maagzuur en talloze andere spijsverteringsstoornissen. Het beste is om gefrituurd voedsel te vermijden. Met name het bakken in canola-, saffloer-, soja- en pindaolie moet vermeden worden omdat die sneller ranzig en kankerverwerkend worden dan andere olies. Als je frituurt, is het het beste om ghi te gebruiken, omdat het geen giftige veranderingen ondergaat als het verhit wordt.

Wat ligt daar op je bord?

Vezelloos voedsel: voedingsvezels of onverteerbare vezels zijn noodzakelijk in het menselijke voedsel. Voedselvezels verlagen de cholesterol, beheersen het bloedsuikerniveau, verlagen de bloeddruk, voorkomen constipatie, zijn nuttig voor gewichtsafname en verminderen de giftigheid in het lichaam. De aanbevolen dagelijkse hoeveelheid in Amerika is 30-40 gram.

Weinig vezels: witbrood, heldere soepen, cake, chips, macaroni, vruchtensap, alle dierlijke producten, geraffineerde suiker, eieren, pizza, ijs, gebak, witte rijst, wit meel, melk en vetten.
Veel vezels: volkorenproducten, tarwe (vooral gekiemd), haver, mais, gerst, gierst, quinoa, basmatirijst, bruine rijst, alle bonen, bijna alle groenten en het meeste fruit.

Chemische toevoegingen en conserveermiddelen: chemische toevoegingen zitten in het meest gebruikelijke voedsel. In bijna al het geraffineerde, niet biologische voedsel worden ze gebruikt als conserveringsmiddel, buffer, emulgator, neutralisator, sekwestreermiddel, stabilisator, antiklontermiddel, kleurstof en geurstof. Ze hebben een grote variëteit aan bekende negatieve effecten op het lichaam, waaronder: allergieën, astma, anafylaxie, migraine, gedragsstoornissen, ADD/ADHD, onevenwichtigheid in maag en darmen, opzwellingen, diarree en kanker.

Belangrijke chemische toevoegingen als BHA (Gebutyleerd hydroxyanisole) en BHT (gebutyleerd hydroxytolueen) zijn anti-oxidanten die gifstoffen in het zenuwstelsel en immuunsysteem produceren. Rood 2 en 40 en Geel 5 zijn kankerverwekkende kleurstoffen. Mononatriumglutamaat (MNG, een smaakversterker), dat soms Chinees zout genoemd wordt, wordt nu op sommige etiketten vermomd in algemene termen als 'geurstof' of zelfs 'natuurlijke geurstof'. MNG heeft vaak dodelijke ongelukken veroorzaakt, die in verband stonden met plotselinge anafylaxie. Voor een goede gezondheid is het het beste niet bewerkt voedsel zonder chemicaliën te kiezen.

Spuitwater en koolzuurhoudende dranken: deze dranken zitten vaak vol cafeïne en geraffineerde suiker. De gemiddelde Amerikaan drinkt naar schatting ruim 200 liter frisdrank per jaar. 56% van de achtjarige Amerikanen drinkt iedere dag frisdrank en een derde van de mannelijke tieners drinkt minstens drie blikjes frisdrank per dag. Een blikje frisdrank van 360 ml bevat wel 12 theelepels suiker.

Zelfs spuitwater zonder cafeïne kan vol giftige bestanddelen zitten. Fosforzuur en aspartaam zijn gebruikelijke ingrediënten. Fosforzuur kan de capaciteit van het lichaam om calcium te gebruiken verstoren, wat tot osteoporose en verzachting van de tanden en botten kan leiden. Fosforzuur neutraliseert ook het zoutzuur in de maag, wat de spijsvertering kan verstoren, zodat het moeilijk is voedingsstoffen op te nemen. Een onderzoek in Harvard in 1994 naar botbreuken in tieneratleten vond een sterk verband tussen colaconsumptie en botbreuken bij veertienjarige meisjes. De meisjes die cola dronken hadden een vijf maal grotere kans op botbreuken dan de meisjes die geen frisdrank dronken.

Aspartaam is een chemische stof die vaak als vervanging voor suiker in calorievrije frisdranken gebruikt wordt. Aan het gebruik van aspartaam zijn meer dan 92 neveneffecten op de gezondheid verbonden, waaronder hersentumors, geboorteafwijkingen, suikerziekte, emotionele stoornissen en epilepsie of toevallen. Bovendien, wanneer aspartaam lange tijd opgeslagen wordt of in warme gebieden bewaard wordt, verandert het in methanol, een alcohol die omgezet wordt in formaldehyde en mierenzuur, wat bekende kankerverwekkers zijn.

Onderzoekers hebben ontdekt dat slechts twee blikjes koolzuurhoudende drank de immuunfunctie wel vijf uur kan onderdrukken. Wetenschappelijk onderzoek heeft aangetoond dat slechts een of twee frisdrankjes per dag de kans op allerlei gezondheidsproblemen al beduidend kan verhogen, onder andere zwaarlijvigheid, suikerziekte, tandbederf, osteoporose, slapeloosheid, ADD en ADHD, cafeïneverslaving, tekort aan voedingsstoffen, hartziekten en veel neurologische stoornissen.

Zuiver water is het beste wat je kunt drinken. Biologische voedselondernemingen maken nu natuurlijke cola en frisdranken met kruidenextracten en niet bewerkte zoetstoffen. Sappen en kruidenthees zijn ook goede vervangers voor zwaar bewerkte frisdranken.

Alcohol: ayurveda gebruikt sommige vormen van alcohol als middel voor het extraheren van de medische eigenschappen in kruiden. Maar regelmatig gebruik van alcohol voor je plezier wordt niet aanbevolen, omdat het alle drie de dosha's verergert. Alcohol is zeer verslavend en werkt bij overmatig gebruik als een kalmerend middel.

Het is uiterst schadelijk voor het zenuwstelsel en veroorzaakt ziekte van het perifere zenuwstelsel en dementie. Het vermindert vitamine B, beschadigt de levercellen, leidt tot levercirrose en suikerziekte, veroorzaakt gastritis en andere maagklachten doordat het het slijmvlies irriteert, en veroorzaakt een te snelle groei van candida. Het verhoogt de bloeddruk, verlaagt de immuniteit en kan leiden tot te lichte botten. De nawerkingen van overmatig alcoholgebruik zijn vermoeidheid, hoofdpijn, misselijkheid, uitdroging en constipatie.

We zijn gezegend met een kostbaar menselijk lichaam. Laten we ons lichaam allemaal met gezond voedsel voeden, zodat we kunnen dienen en liefhebben en het potentieel van ons leven kunnen realiseren.

Eten in overeenstemming met dharma

"Wat we eten heeft veel invloed op ons karakter. Kinderen, jullie moeten ervoor zorgen alleen eenvoudig, vers en vegetarisch voedsel te eten (sattvisch voedsel). De aard van onze geest wordt bepaald door de subtiele essentie van het voedsel dat we eten. Zuiver

*voedsel creëert een zuivere geest. Als we de
smaak van de tong niet opgeven, kunnen we
niet van de smaak van het hart genieten."*
— Amma

Het sparen van het leven van dieren kan je eigen leven redden. Er is uitgebreid aangetoond dat een vegetarisch of veganistisch dieet verreweg het gezondst is. Wetenschappelijk onderzoek bewijst nu dat de overconsumptie van cholesterol en verzadigde vetten in dierlijke producten tot hartziekten en talloze vormen van kanker leidt. Het eten van dierlijke producten leidt ook tot zwaarlijvigheid, suikerziekte, hoge bloeddruk, artritis, jicht, nierstenen en een groot aantal andere ziekten. Bovendien gebruikt de moderne bio-industrie buitensporige hoeveelheden hormonen, antibiotica, kunstmest en medicijnen om de omzet en winst te vergroten. Commerciële dierlijke producten bevatten grote hoeveelheden onkruidverdelgers en insecticiden. Wanneer mensen dierlijke producten gebruiken, komen deze gifstoffen direct in het lichaam en veroorzaken vergiftiging.

Sinds de jaren zestig vermoeden wetenschappers dat een op vlees gebaseerd dieet in verband staat met arteriosclerose en hartziekten. Reeds in 1961 rapporteerde een onderzoek in de *Journal of the American Medical Association*: "90 tot 97 procent van de hartziekten kan door een vegetarisch dieet voorkomen worden." Sindsdien hebben verscheidene goed georganiseerde onderzoeken wetenschappelijk aangetoond dat, na tabak en alcohol, de consumptie van vlees de grootste doodsoorzaak is in Europa, Amerika, Australië en andere rijke landen.

Het menselijk lichaam kan niet omgaan met buitensporige hoeveelheden dierlijk vet en cholesterol, die zich aan de binnenkant van de bloedvaten ophopen, de bloedstroom naar het hart beperken en tot hoge bloeddruk, hartziekten en beroerten kunnen leiden. Onderzoek van de afgelopen twintig jaar suggereert ook een sterk verband tussen vlees eten en kanker in de dikke darm, endeldarm, borst en baarmoeder. Een artikel in *The Lancet,* een medisch tijdschrift in Groot-Brittannië, rapporteerde: "Mensen die in gebieden wonen waar tumoren in de dikke darm veel voorkomen, hebben meestal een dieet dat grote hoeveelheden dierlijk vet en dierlijke eiwitten bevat. Terwijl degenen die in gebieden wonen waar dit weinig voorkomt, op een grotendeels vegetarisch dieet leven met weinig vet en dierlijke stoffen."

Waarom krijgen vleeseters deze ziekten eerder? Een reden die biologen en voedingsdeskundigen geven is dat het menselijk darmkanaal gewoon niet geschikt is voor het verteren van vlees. Vleesetende dieren hebben een kort darmkanaal, drie keer de lengte van het lichaam om bedervend en gifproducerend vlees snel uit het lichaam te verwijderen. Omdat plantaardig voedsel langzamer bederft dan vlees, hebben planteneters darmen die minstens zes keer de lengte van het lichaam zijn. Mensen hebben het lange darmkanaal van planteneters.

Een ander verontrustend punt bij vlees is de chemische verontreiniging. Zodra een dier geslacht is, begint het vlees te rotten en na een aantal dagen ziet het er ongezond grijsgroen uit. De vleesindustrie verbergt deze verkleuring door nitrieten, nitraten en andere conserveermiddelen toe te voegen om het vlees een helderrode kleur te geven. Maar onderzoek toont nu aan dat de meeste van deze conserveermiddelen kankerverwekkend zijn. Wat het probleem verder verergert zijn de enorme hoeveelheden chemicaliën die aan het vee gegeven worden. Gary en Steven Null laten ons in hun boek *Poisons in Your Body* iets zien waardoor iedereen zich twee keer zal bedenken voordat hij nog een stuk vlees of ham koopt. "De dieren

Eten in overeenstemming met dharma

---

worden in leven gehouden en opgefokt door een voortdurende toediening van kalmerende middelen, hormonen, antibiotica en 2.700 andere medicijnen. Dit proces begint al voor de geboorte en gaat tot lang na de dood door. Hoewel deze medicijnen nog steeds in het vlees aanwezig zijn wanneer je het eet, vereist de wet niet dat ze op het etiket vermeld worden."

Over de eiwitkwestie heeft Dr. Paavo Airo, een vooraanstaande autoriteit op het gebied van voeding en natuurlijke biologie, het volgende te zeggen: "De officiële dagelijkse aanbeveling voor eiwit is naar beneden gegaan van 150 gram, wat twintig jaar geleden werd aanbevolen, tot slechts 45 gram nu. Waarom? Omdat betrouwbaar onderzoek over de hele wereld heeft aangetoond dat we niet zoveel eiwit nodig hebben, dat de feitelijke dagelijkse behoefte slechts 35 tot 45 gram is. Eiwit dat te veel wordt gegeten, wordt niet alleen verspild, maar kan het lichaam schade berokkenen, omdat het lichaam zich moet inspannen het te verteren. Om 45 gram eiwit per dag uit je voedsel te halen hoef je geen vlees te eten. Je kunt het gemakkelijk uit een 100% vegetarisch dieet van een verscheidenheid aan granen, linzen, noten, groenten en fruit krijgen."

Ayurvedische Voeding

Een fundamenteel principe van ayurveda is ahimsa (geweldloosheid). Het doden van dieren voor voedsel is niet alleen geweld tegen het dier, maar schaadt het milieu en alle hongerlijdende mensen in de wereld. Het bevordert het voortbestaan van het lijden. Een verrassend groot aantal mensen beschouwt vis niet als vlees. Vissen zijn dieren en ervaren lijden als ze gedood worden. Als een dier gedood wordt, scheidt het angsthormonen en andere gifstoffen in zijn lichaam af, die later door de vleeseter worden gegeten en in zijn lichaam opgenomen. De negatieve emotionele invloed komt dan in het menselijk bewustzijn. Bovendien is vlees dood. Het is helemaal zonder prana (levenskracht). Daarom veroorzaakt vlees volgens ayurveda tamas (dufheid, duisternis) in de geest en in het lichaam.

Albert Einstein zei: "Onze taak moet zijn om ons te bevrijden door ons mededogen zo uit te breiden dat het alle levende wezens omvat en de hele natuur en haar schoonheid. Niets zal de menselijke gezondheid zo ten goede komen en de kans om het leven op aarde voort te laten bestaan zo vermeerderen als de ontwikkeling naar een vegetarisch dieet."

In het oude Indiase epos de *Mahabharata* staan talloze uitspraken tegen het doden van dieren. "Wie kan er wreder en egoïstischer zijn dan de mens die zijn vlees vermeerdert door het vlees van onschuldige dieren te eten? Zij die een goed geheugen, schoonheid, een lang leven met perfecte gezondheid en fysieke, morele en spirituele kracht verlangen, moeten geen dierlijk voedsel eten."

Naast overwegingen van gezondheid en ethiek heeft de vegetarische en veganistische levensstijl een hogere, spirituele dimensie die ons kan helpen onze natuurlijke waardering van en liefde voor God te ontwikkelen.

De mondiale honger beëindigen

"Iemand die vertrouwen en liefde voor God heeft, wat uit iemands aangeboren onschuld voortkomt, ziet God in alles, in iedere boom en ieder dier, in ieder aspect van de natuur. Deze houding stelt je in staat in harmonie met en afgestemd op de natuur te leven. Het is onjuist om iets te verspillen door ons gebrek aan zorg en aandacht. Ieder

voorwerp is gecreëerd om gebruikt te worden. Ieder object in de schepping heeft een welomlijnd doel."

— Amma

Veel mensen worden vegetariër om milieuredenen of sociaal-economische redenen. Moeder aarde heeft beperkte hulpbronnen die wijs en bewust gebruikt moeten worden. Een vegetarisch dieet is een van de beste manieren om de hulpbronnen van de aarde te behouden en een evenwichtige economie te handhaven. Vlees voedt weinig mensen ten koste van velen. Om vlees te produceren gaat veel graan dat mensen zou kunnen voeden, naar het vee.

Volgens informatie dat het Ministerie van Landbouw van de Verenigde Staten heeft verzameld, gaat 90% van al het graan dat in Amerika wordt geproduceerd, naar vee: koeien, varkens, schapen en kippen, die uiteindelijk op de eettafel terechtkomen. Maar het gebruik van graan om vlees te produceren is enorm verkwistend. Hun cijfers laten zien dat we van ieder 16 kilo graan die we aan het vee geven, slechts een kilo vlees terugkrijgen.

In *Diet for a Small Planet* vraagt Frances Moore Lappe ons om ons voor te stellen dat we voor een lapje vlees van 250 gram zitten. "Stel je dan voor

De mondiale honger beëindigen

dat er 45 tot 50 mensen in de kamer zitten met lege borden voor zich. Voor de voedingskosten van je stukje vlees konden al deze borden gevuld worden met een volle kop gekookt graan."

De rijke landen verkwisten niet alleen hun eigen graan om vee te voeren, maar gebruiken ook eiwitrijk plantaardig voedsel uit arme landen. Dr. George Borgstrom, een autoriteit op het gebied van voedselgeografie, schat dat meer dan een derde van de notenoogst in Afrika, die erg rijk aan eiwit is, in de maag van vee en pluimvee in West Europa terechtkomt.

In onderontwikkelde landen gebruikt iemand gemiddeld 180 kilo graan per jaar. Daar tegenover staat dat de gemiddelde vleeseter 900 kilo graan per jaar verbruikt, zegt autoriteit op het gebied van wereldvoedsel Lester Brown, doordat eerst 90% ervan aan dieren voor vleesproductie gegeven wordt. Brown zegt dat de gemiddelde vleeseter vijf keer de hoeveelheid voedsel van de gemiddelde vegetariër gebruikt. Feiten zoals deze hebben voedseldeskundigen ertoe gebracht erop te wijzen dat het probleem van de wereldhonger niet nodig is. Zelfs nu produceren we al meer dan genoeg voedsel voor iedereen op de planeet, maar helaas verdelen we het niet gelijkmatig.

Voedseldeskundige Jean Mayer uit Harvard schat dat het verminderen van de vleesproductie met 10% genoeg graan zou opleveren om zestig miljoen mensen te eten te geven.

Onze hulpbronnen opeten

> *"Pas als de laatste boom omgehakt is,*
> *pas als de laatste rivier vergiftigd is,*
> *pas als de laatste vis gevangen is,*
> *pas dan zal men erachter komen*
> *dat je geld niet kunt eten."*
> —Cree voorspelling

- Een hectare land kan 23.000 kilo aardappelen opbrengen. Dezelfde hoeveelheid land kan slechts 190 kilo vlees opbrengen.
- Er is 16 kilo graan nodig om een kilo vlees te produceren.
- Meer dan de helft van de landbouwoogst wordt gebruikt als veevoer.
- Er is ongeveer 1,5 hectare nodig voor een dieet met vlees, 0,6 hectare voor een lacto-ovovegetarisch dieet en 700 vierkante meter voor een veganistisch dieet.
- Er is ongeveer 10 kuub water nodig om een halve kilo vlees te produceren. Er is 16 kuub

Onze hulpbronnen opeten

water nodig om de dagelijkse hoeveelheid voedsel van een vleeseter te produceren, 5 kuub water voor een lactovegetariër en ruim een kuub voor een vegetariër.
- Ontwikkelingslanden landen gebruiken hun grond vooral om vlees te produceren voor rijkere landen in plaats van dat land te gebruiken voor verantwoorde landbouw.
- Om het vee te laten grazen vernielen Zuid en Midden-Amerika hun regenwouden. Deze regenwouden bevatten bijna de helft van alle soorten planten en dieren op aarde, waaronder duizenden medicinale planten. Er sterven ieder jaar meer dan duizend soorten uit en de meeste hiervan komen uit de regenwouden of tropische omgeving die door de vleesindustrie gebruikt wordt. Deze praktijk veroorzaakt ook de snelle ontheemding van autochtone volkeren, die duizenden jaren lang in harmonie in deze omgeving geleefd hebben. Bovendien draagt het bij tot de opwarming van de aarde.
- Tegenover iedere hectare bos die voor mensen gekapt wordt staan zeven hectaren bos die voor veeteelt gekapt worden. Dit beleid vernielt snel de weinig overgebleven bossen.

- De bovengrond is de donkere, vruchtbare grond die de voedingsstoffen verschaft aan het voedsel dat we kweken. Er zijn meer dan vijfhonderd jaar nodig om 2,5 cm bovengrond te maken. Deze grond verdwijnt snel door het kappen van de bossen voor het grazen van vee.
- Water wordt verontreinigd door op chemicaliën gebaseerde veeteelt. Door de vergiftiging van onze zoetwaterbronnen raakt schoon drinkwater snel op.

Vitaminen en voedingsstoffen

Veel mensen zijn geconditioneerd om te denken dat ze alleen voldoende eiwit, essentiële vitaminen, mineralen en voedingsstoffen krijgen door vlees en dierlijke producten te eten. Talloze voedselsoorten bieden ons echter een variëteit aan goede voedingskeuzen. Moeder natuur verschaft een overvloed aan voedende planten.

Eiwit: de combinatie van granen en peulvruchten geeft de volledige verscheidenheid aan aminozuren die nodig is om elk eiwit samen te stellen. In ayurveda is kichari een traditioneel voedsel dat een combinatie is van basmatirijst en mungdhal om volledige eiwitten te produceren. Eiwit kan ook verkregen worden uit hennepzaden, granen, graanproducten, noten, zaden, bonen, linzen, kool, bietengroen, biologische zuivelproducten, spirulina en alle groene supervoedsel. Ragi (zwarte gierst) en quinoa zijn bijzonder rijk aan eiwitten. Planten, vooral groene bladgroenten, microalgen en zeegroenten bevatten grote hoeveelheden aminozuren, de bouwstenen van eiwit. Eiwitpoeders van hennep en rijst zijn gemakkelijk op te nemen vormen van geconcentreerd eiwit. Sojaproducten bevatten ook eiwit, maar die moeten voorzichtig gebruikt worden omdat ze vaak moeilijk te verteren zijn door GMO's en overbewerking. Tempé is een vorm van soja die mensen vaak makkelijker te verteren vinden. Eieren worden over het algemeen in ayurveda niet aanbevolen om karmische redenen en omdat ze pitta en kapha versterken. Ze verhogen ook het cholesterolniveau en verzwakken de spijsvertering. Bijna alle niet-biologische commerciële eieren komen van de bio-industrie. Als je eieren wilt gebruiken, probeer dan eieren van de bio-industrie te vermijden, omdat die van kippen komen die intens geleden hebben.

Vitamine B12: Vitamine B12 is verantwoordelijk voor de vorming van rode bloedcellen en het handhaven van een gezond zenuwstelsel. Dit is de vitamine waar vegetariërs en veganisten vaak gebrek aan hebben, omdat het in hoge concentraties in vlees gevonden wordt. Het kan ook verkregen worden uit zeewier, microalgen, spirulina en soja. Ook is het meeste vegetarische en veganistische voedsel op de consumentenmarkt verrijkt met vitamine B12. Gist, voedingsvlokken, groenteburgers, namaakvlees, granen, graanproducten en rijste-, hennep-, en amandelmelk verschaffen voldoende vitamine B12.

Vitamine D: vitamine D regelt de opname en uitscheiding van calcium, vooral wanneer de calciumniveaus laag zijn. Vitamine D zit alleen in vis, eieren en in kleine hoeveelheden in zuivel. Het zit veel in voedingsvlokken. De meeste vegetarische en veganistische producten zijn verrijkt met voldoende Vitamine D. De grootste bron van vitamine D is de zon. Twee tot drie keer per week 10-15 minuten 's ochtends vroeg of 's middags laat in de zon geeft voldoende vitamine D.

Calcium: calcium is verantwoordelijk voor de groei en handhaving van botten, haar, nagels, huid en gewrichten. Er bestaat een grote misvatting dat melk en zuivelproducten de beste bron van calcium zijn. Maar studies tonen nu aan dat door

Vitaminen en voedingsstoffen

de onstabiele eiwitten van gehomogeniseerde melk mineralen, waaronder calcium, uit het lichaam verdwijnen. Aan de Harvard University vond gedurende twaalf jaar een onderzoek plaats, waaraan 78.000 vrouwen deelnamen die twee glazen gepasteuriseerde en gehomogeniseerde melk per

dag dronken. Deze studie toonde voor hen een aanzienlijk hoger risico voor heup- en botbreuken dan voor degenen die één glas of geen melk per dag dronken. Dit houdt in dat gehomogeniseerde melk niet beschermt tegen botverzwakking. Bovendien is er beduidend minder osteoporose in landen waar zuivel geen hoofdvoedsel is. Sesamzaadjes, vooral in de vorm van zwarte tahin, hebben de hoogste concentratie aan calcium. Plantaardige bronnen van opneembare calcium zijn onder meer: groene bladgroenten, gedroogd fruit, zaden, noten, ragi (zwarte gierst), en ook granenmelk en graanproducten die met calcium verrijkt zijn.

IJzer: ijzergebrek kan leiden tot een bleke huid, breekbare nagels, vermoeidheid, zwakte van bloed en botten, kortademigheid, menstruatieproblemen, schommelingen in lichaamstemperatuur, verlies van eetlust, apathie en bloedarmoede. Gehomogeniseerde zuivelproducten, koffie, bewerkte en kunstmatige suiker en zwarte thee verhinderen allemaal de opname van ijzer. Vitamine C verhoogt de absorbeerbaarheid van ijzer. Goede ijzerbronnen zijn onder andere: alle bonen, pompoenzaden, zwarte stroop, dadels, rozijnen, granen en zeewier.

Het is ideaal om in de behoefte aan voedingsstoffen te voorzien door zuiver en volledig voedsel. In sommige situaties waarin dit niet mogelijk is, kunnen voedselsupplementen nodig zijn. Alle bovengenoemde vitaminen en mineralen zijn ook in de vorm van supplementen verkrijgbaar. Het is belangrijk te weten dat veel supplementen bindmiddelen en vulmiddelen bevatten die de opname van vitaminen en mineralen verhinderen. Daarom is het belangrijk om de bron van de ingrediënten te controleren en is het soms nodig meer dan de aanbevolen dagelijkse dosis op de flesjes te nemen. Mineralen en vitaminen in vloeibare vorm worden het makkelijkst opgenomen, omdat ze direct de bloedbaan in kunnen gaan. Vegetariërs willen misschien ook supplementen met gelatine vermijden, omdat dit van de hoeven van dieren als varkens en paarden gemaakt wordt.

Lichaamsverzorging en huishoudelijke schoonmaakproducten

De huid is het grootste orgaan in het lichaam en absorbeert gemakkelijk allerlei stoffen waarmee hij in aanraking komt. Producten voor lichaamsverzorging, die eenmaal door de huid opgenomen zijn, gaan direct naar het bloed en de lymfe. Hiervandaan gaan ze naar de organen, vooral de lever. Giftige chemicaliën, conserveermiddelen, bewerkte suiker en andere kunstmatige ingrediënten zijn vaak verborgen in veel commerciële lichaamsverzorgingsproducten. Huishoudelijke schoonmaakmiddelen zitten gewoonlijk vol schadelijke chemicaliën, die niet alleen door de huid opgenomen worden, maar ook door de ademhalingsorganen, als we de dampen ervan inademen. Voor een optimale gezondheid is het verstandig om volledig natuurlijke producten voor lichaamsverzorging en huishoudelijke schoonmaak te gebruiken.

Sommige ingrediënten die 'afgeleid uit natuurlijke bronnen' worden genoemd, kunnen schadelijke chemicaliën bevatten die niet door de natuur vervaardigd zijn, maar het resultaat zijn van het raffineren. De etiketten van veel cosmetische, huidverzorgings- en schoonmaakproducten bevatten namen van ingrediënten die in de taal van de scheikunde geschreven zijn. De meest algemene merken van 'natuurlijke' of 'kruidenshampoos' en reinigingsmiddelen gebruiken deze schadelijke chemicaliën nog steeds als hun belangrijkste actieve ingrediënt. Neem de tijd om de etiketten te lezen en probeer deze gevaarlijke ingrediënten te vermijden, die gewoonlijk aangetroffen worden in tandpasta's, shampoos, conditioners, deodorants, zeep, lotions, zonnebrandcrèmes, make-up en schoonmaakmiddelen, en die soms ook in voedsel zitten.

Aceton is een gif voor het zenuwstelsel, werkt sterk irriterend op huid en ogen en heeft een schadelijke uitwerking op de ademhalingsorganen en het zenuwstelsel.

Aluminium is een algemeen ingrediënt in veel deodorants en zit zelfs in eetbare producten als bakpoeder. Het verhoogt de giftigheid van de lymfe en men gelooft dat het bijdraagt aan borstkanker. Aluminium staat ook direct in verband met neurologische degeneratie en ziekten als parkinson en alzheimer.

Kunstmatige kleurstoffen: hiervan is aangetoond dat ze kanker veroorzaken als ze op de huid aangebracht worden. Kunstmatige kleurstoffen bevatten vaak verontreinigingen met zware metalen, waaronder arsenicum en lood, die kankerverwekkend zijn.

Gebutyleerd hydroxyanisole (BHA) en gebutyleerd hydroxytolueen (BHT) worden zowel in voedsel als lichaamsverzorgingsproducten aangetroffen, zijn kankerverwekkend en in staat metaal aan te tasten. Ze kunnen huidontsteking en huid- en oogirritatie veroorzaken.

Cocamide DEA of MEA en lauramide DEA werken irriterend op huid en ogen. Herhaald aanbrengen op de huid van reinigingsmiddelen die op DEA gebaseerd zijn, resulteert in een toename van lever- en nierkanker.

Formaldehyde wordt in duizenden cosmetica gebruikt en veroorzaakt oog-, neus-, en keelirritatie, hoesten, astma-aanvallen, kortademigheid, misselijkheid, overgeven, huiduitslag, neusbloedingen, hoofdpijn en duizeligheid. Het is bekend dat het een ernstige verzwakking van het immuunsysteem veroorzaakt.

Geurstoffen is een term die naar een grote verscheidenheid aan ingrediënten verwijst. Veel van deze geurstoffen veroorzaken problemen bij de geboorte, beschadigen de voortplantingsorganen en veroorzaken schade aan de lever bij proefdieren. De producenten zijn niet verplicht om de ingrediënten die als geurstof gebruikt worden te vermelden, maar veel voorkomende ingrediënten zijn o.a. methyleenchloride, tolueen, methylethylketon, methylisobutylketon, ethylalcohol en benzylchloride, die allemaal gevaarlijk zijn en allergische reacties kunnen veroorzaken.

Mineraalolie, vaseline, paraffineolie en –was, vloeibare paraffine en **parabenen (methyl, propyl, butyl)** zijn nevenproducten die van ruwe aardolie gemaakt worden. Zij breken de natuurlijke immuunbescherming van de huid af, belemmeren de verwijdering van giftige stoffen, bevorderen acne en huidziekten en laten de huid voortijdig oud worden.

Propyleenglycol (PG) (1,2 propanedial) is het actieve bestanddeel in antivries. Het is een aardoliederivaat dat de celstructuur verzwakt. Het is sterk genoeg om aangroei van boten te verwijderen. Het irriteert de ogen, keel, het ademhalingskanaal en de huid. Net als aluminium, dat ook vaak in deodorants zit, stopt het de natuurlijke ademhaling van de huid, waardoor gifstoffen in de lymfe gevangen zitten. Dit draagt bij tot borstkanker.

Natriumlaurylsulfaat wordt in bijna alle shampoos aangetroffen. Kan oog- en hoofdhuidirritatie veroorzaken en opzwellen van de handen, het gezicht en de armen. SLES (natriumlaureethsulfaat) is gewoonlijk verontreinigd met dioxine, een bekende carcinogeen. Het natriumlaurylsulfaat dat in zeep gebruikt wordt, is precies hetzelfde dat je vindt in een autowasserij of een garage, waar het gebruikt wordt om de motors van auto's te ontvetten. Men gelooft dat het voor veel gezondheidsproblemen verantwoordelijk is, variërend van PMS (premenstrueel syndroom) en menopauzesymptomen tot verminderde mannelijke vruchtbaarheid en toegenomen kanker bij vrouwen.

Vasten voor je gezondheid

Ons lichaam wordt in deze moderne wereld vaak door gifstoffen aangevallen; vasten is een uitstekende manier om ze te verwijderen. In ayurveda wordt vasten als een van de krachtigste geneeswijzen beschouwd. Het kan het begin van ziekten verwijderen door opgehoopt gif op te lossen. Ophoping is het eerste stadium van ziekte in de ziekteleer.

Mensen met een goede gezondheid raadt Amma aan een keer per week te vasten. Dit geeft het lichaam de tijd om zich te zuiveren, wakkert het spijsverteringsvuur aan en brengt de stofwisseling in evenwicht. Omdat het de gifstoffen in het lichaam vermindert, nemen mentale helderheid en fysieke kracht toe. Vasten is ook een uitstekende manier waarop het lichaam ziekte kan bestrijden, vooral verkoudheden, virussen en infecties. Het beste is om lichter voedsel te gaan eten of zelfs helemaal te vasten bij de eerste tekenen van ziekte. Vasten geeft het lichaam een immense kracht om zich te verjongen. Het beste is te vasten op water. Als dat niet mogelijk is, kun je kruidenthee, sappen of kokoswater nemen.

Amma brengt ook naar voren dat het spijsverteringsmechanisme als een machine is die nooit enige rust krijgt, behalve als we vasten. Iedere machine die jaren achter elkaar 24 uur per dag draait, zal vroeg of laat kapotgaan. Een keer per week vasten geeft de spijsvertering de nodige rust.

Langer vasten moet je alleen doen onder de leiding van ervaren gezondheidsdeskundigen, omdat het voedsel dat voor en na lang vasten genomen wordt, een grote invloed op het lichaam heeft.

Suggesties voor een panchakarmadieet

Panchakarma is een ayurvedische methode om diep te reinigen op het celniveau. Panchakarma betekent 'vijf handelingen'. Het verwijdert gif zowel uit het fysieke lichaam als het subtiele lichaam. Het heeft een krachtig verjongend effect op de botten, zenuwen, spieren, zintuigen en geest.

Een juist dieet is essentieel tijdens de panchakarma. Het lichaam ondergaat een diepe transformatie en het juiste dieet is essentieel om dit proces te ondersteunen. Een onjuist dieet belemmert het schoonmaken en kan zelfs aanwezige gifstoffen dieper naar binnen drijven.

Ayurvedische Voeding

Het ideale dieet om panchakarma te ondersteunen bestaat uit licht, voedzaam en gemakkelijk te verteren voedsel, zoals groenten en kichari. Het is het beste niet na 6 uur 's avonds te eten, omdat het spijsverteringsvuur van het lichaam dan klein is. Voedsel dat 's avonds gegeten wordt, wordt niet verteerd en vormt zo ama (ophopingen van afvalstoffen). Als het absoluut nodig is 's avonds te eten, neem dan rijstwater (kanji) of groentenat.

De volgende dieetaanbevelingen zijn bedoeld om mensen die een panchakarmabehandeling onder de leiding van ervaren gezondheidsdeskundigen ondergaan, te helpen.

Voedsel dat het reinigingsproces bevordert

- kichari (gele mungdhal en basmatirijst die met ghi en milde specerijen gekookt zijn)
- gestoomde groenten of licht gekookte, niet pikante groenten
- milde groentesoep
- drink minstens 2 tot 3 liter water per dag om de gifstoffen eruit te spoelen
- drink kokosmelk – jong kokosvlees is goed in kleine hoeveelheden

Suggesties voor een panchakarmadieet

- eet ghi bij het eten – maximum 1 eetlepel voor kapha, 1,5 lepel voor pitta en 1 theelepel voor vata per maaltijd
- pap van hele granen zoals haver en ragi, maar geen tarwe
- idly's of dosha's zonder samwar
- kanji (rijstwater)
- kruidenthees: tulasi, gember, kardemon, kaneel een andere theeën in overeenstemming met de constitutie
- druivensap zonder suiker

Voedsel dat tot kleine hoeveelheden beperkt moet worden tijdens panchakarma

- beperk sinaasappel-, ananas- en granaatappelsap, zonder suiker
- karnemelk een of twee keer per week is okay
- beperk noten; amandelen alleen rauw, geweekt en geschild, slechts tien per dag; geen noten voor pitta.
- beperk zout en scherp eten (knoflook, uien, cayennepeper)
- beperk zuur voedsel (augurken e.d. in zuur, azijn en citrusvruchten)

Voedsel dat tijdens panchakarma helemaal vermeden moet worden

- zuivel (melk, yoghurt, chai, boter, kaas, enz) verstopt de kanalen en belemmert ontgifting
- gebakken en gefrituurd voedsel
- geraffineerde suiker
- thee, koffie en stimulerende middelen
- erg scherp voedsel
- koude dingen zoals ijs, frisdrank, water en sap
- eieren en sojaproducten

Suggesties voor een panchakarmadieet

- alle tarwe- en gistproducten, zoals uppama, brood, macaroni, koekjes, gebak
- rauw voedsel
- vata versterkende groenten zoals bloemkool, broccoli, kool en kikkererwten
- nachtschadegroenten zoals aardappelen, tomaten, aubergines, paprika.
- paddestoelen
- pinda's en pindakaas

Opmerking: bovenstaande voedselaanbevelingen zijn algemene richtlijnen en zijn niet specifiek voor een bepaalde dosha. Het kan nodig zijn om wijzigingen aan te brengen om de aanbevelingen aan de individuele behoeften van het lichaam aan te passen.

Eten met bewustzijn

"Eet nooit te veel. De helft van de maag moet voor voedsel zijn, een kwart voor vloeistof en het overblijvende deel voor de beweging van lucht. Hoe minder voedsel je eet, des te meer controle over je geest je zult hebben. Slaap of mediteer niet onmiddellijk na het eten. Als je dat doet, zul je het voedsel niet goed kunnen verteren. Herhaal

Ayurvedische Voeding

*je mantra altijd in gedachten onder het eten.
Dit zal zowel het voedsel als je geest zuiveren."*
— Amma

De omgeving waarin we eten, de gedachten die we onder het eten hebben en onze gewoontepatronen tijdens de maaltijden beïnvloeden onze gezondheid evenzeer als wát we eten. Ayurveda beveelt aan in een schone, rustige en stille sfeer te eten. Neem voor het eten een ogenblik om te bedanken voor het voedsel, de geest tot rust te brengen en in het huidige moment te zijn. Werken, lezen, tv-kijken en overmatig praten tijdens de maaltijden leiden het lichaam en de geest van de spijsvertering af. Eten wanneer je emotioneel uit balans of gespannen bent, belemmert de spijsvertering, terwijl voedsel dat met een liefdevolle bedoeling gemaakt is, de vitaliteit verhoogt. De spijsvertering begint in de mond. Daarom zei Mahatma Gandhi: "Kauw je drinken en drink je voedsel." Voedsel kauwen totdat het in de mond tot vloeistof vermalen is, vereist minder energie van de maag.

Hoeveel we eten en de tijd waarop we eten hebben ook een zeer grote invloed op onze gezondheid. Amma benadrukt voortdurend dat we geen voedsel mogen verspillen. Het is beter met een kleine portie te beginnen dan niet gegeten voedsel weg te gooien. Het is niet goed om maaltijden te gebruiken onmiddellijk na fysieke inspanning of wanneer je geen honger hebt. De organen functioneren anders op verschillende tijden van de dag. Het lichaam kan het ontbijt het beste opnemen tussen 6 en 8, het middageten tussen 10 en 2 en het avondeten tussen 5 en 7. Het is belangrijk iedere maaltijd voldoende tijd te geven om te verteren voordat we opnieuw voedsel nemen. Ayurveda stelt een tijd van 3 tot 6 uur voor tussen de maaltijden.

Na zeven uur 's avonds is het lichaam opgehouden de meeste spijsverteringsenzymen te produceren. Daarom blijft voedsel dat we 's avonds eten 's nachts onverteerd in de maag, wat de andere organen verhindert volledig nieuwe kracht op te doen. Dit onverteerde voedsel verandert in giftige afvalstoffen en maakt dat we ons 's ochtends moe en duf voelen. Het overslaan van het avondeten is een van de beste manieren om de stofwisseling bij te stellen, het gewicht in evenwicht te brengen en het lichaam snel te laten herstellen. Als je 's nachts ontzettend veel honger hebt, probeer dan wat lichte soep of kruidenthee. De meeste mensen vinden dat 's avonds minder eten de volgende dag meer helderheid en energie geeft.

Wat we bij onze maaltijden drinken speelt ook een belangrijke rol bij de spijsvertering. Koude dranken of dranken met ijs blussen het spijsverteringsvuur altijd. Drinken onder het eten verdunt de spijsverteringsenzymen. Het is het beste om niets bij de maaltijden te drinken. Als je vloeistof bij de maaltijden wilt hebben, neem dan kruidenthee of warm water of water op kamertemperatuur 10-15 minuten voor of 30 minuten na de maaltijd. Drinken op het eind van een maaltijd belemmert de spijsvertering ernstig. Vermijd maaltijden wanneer je dorst hebt en vermijd water wanneer je honger hebt.

Ayurveda beveelt aan de maaltijd zo samen te stellen dat hij alle zes smaken heeft: zoet, zuur, zout, bitter, scherp en samentrekkend. Iedere smaak heeft zijn eigen harmoniserend effect. Als er van alle zes iets aanwezig is, vermindert oneigenlijke trek aanzienlijk en komen eetlust en vertering in evenwicht. De meeste mensen hebben de neiging om te veel zoet, zuur en zout en niet genoeg bitter, scherp en samentrekkend te eten. Het gebruik van samengestelde kruiderijen houdt de maaltijden simpel terwijl het de zes smaken in evenwicht brengt.

Wanneer je overweegt wat je zult eten, kies dan voedsel dat sattvisch, heel, vers, bij het seizoen horend en plaatselijk gekweekt is, als dat mogelijk is. Vermijd te veel zwaar voedsel en te weinig licht voedsel. Het eten van overmatig warm eten leidt tot zwakte. Overmatig koud en droog voedsel leidt tot een vertraagde spijsvertering. Te lang koken vernietigt voedingsstoffen en vermindert de vitaliteit van het voedsel. Opwarmen van voedsel en het lange tijd onbedekt laten staan vermindert ook de vitaliteit.

Er wordt niet alleen geadviseerd de maaltijden met bewustzijn te beginnen, maar ze ook met bewustzijn te beëindigen. Eet ongeveer driekwart van wat je aankunt. Ga niet zeer hongerig of overvol van tafel. Neem na het eten een paar minuten om rustig te zitten voordat je weer tot activiteit overgaat.

Voedsel voor het genezen van ziekten

Er schuilt diepe waarheid in de bekende uitdrukking "Laat voedsel je medicijn zijn." De volgende tabel geeft zeer fundamentele suggesties voor dieetmaatregelen tegen allerlei ziekten. Dit is geen volledige tabel. Het is gewoon een lijst van voedingsmiddelen die nuttig zijn voor mensen met een bepaalde aandoening. Natuurlijk is dit voedsel in combinatie met geneesmiddelen of kruiden nog beter voor de gezondheid!

Ziekte	Genezend voedsel
Aambeien	Havermout, bonen, geelwortel, aloë vera, bieten, granaatappel. Geen nachtschaden.
Acne	Wortels, aardappelen, klis, spinazie, druiven, zeewier, bieten, komkommer.
Allergieën	Honing (plaatselijk en rauw), wortels, bieten, spinazie, selderij, Spaanse peper, druiven, brandnetels, knoflook, uien, bosbessen, gember, mierikswortel. Vermijd zuivel, tarwe, geraffineerde suiker, chemicaliën en bewerkt voedsel.
Artritis	Basmatirijst, dhal met knoflook, knoflooksaus, melk met geelwortel, kichari, gestoomde donkere bladgroenten, zeewier, groen supervoedsel.
Astma	Dhal, druiven, broccolisoep met knoflook, mosterd, komijn, peper, gembermelk.
Bloedarmoede	Bieten, wortels, dadels, bladgroenten, bessen, bruine rijst, granaatappel, klis.
Bloedingen	Saffraanmelk, kokosmelk, rijstepudding (calcium stelpt het bloeden).
Candida	Gekookte knoflook, donkere bladgroenten, zeewier. Geen tarwe, zuivel, witte suiker, gist.
Constipatie	Veel water, vezel, groenten, fruit, bietensap, pruimen, pruimensap.

Voedsel voor het genezen van ziekten

Diabetes	Gierst, maïs, bladgroenten, bittere meloen, bessen, okra, geelwortel, bonen, laurierblad, tulasi, kaneel, kruidnagel, komijn, koriander. Geen tarwe en rijst.
Diarree	Rijst, niet helemaal rijpe bananen, granen
Dysenterie	Hetzelfde als diarree met een beetje nootmuskaat.
Galblaas	Alfalfa, klis, daikon, zwarte peper, kardemon, kiemen, aloë, groen van paardenbloem, anijs, walnoten
Gewrichtsproblemen	Alfalfa, spinazie, gember, quinoa, geelwortel, amarant, peterselie, rozemarijn, yam, wortelgewassen, bosbessen, ghi, hennepolie.
Griep, verkoudheid	Thee van tulasi, gember, zwarte peper, kardemom en kaneel, knoflook.
Hartziekten	Alfalfa, wortels, wortelgewassen, donkere bladgroenten, hele granen, rode kool, bonen, appels, bessen. Vermijd vlees en zuivel.
Hoest	Linzensoep, broccoli en groentesoep met knoflook, mosterd, komijn, gember, citrusvruchten, uien, tulasi, miso, kardemom, venkel.
Hoge bloeddruk	Basmatirijst, mungdhal, kichari, cilantro, kokoswater, diuretische kruidenthee.
Hoofdpijn	Veel water, sap, citroen, eiwit zoals hennepzaad, dhal, bonen.
Hoog bloedsuikerniveau	Linzen, donkere bladgroenten, bonen, cayennepeper, kaneel, geelwortel, klis. daikon, radijzen, zeewier, groen supervoedsel. Gebruik minder fruit.
Hoog cholesterolniveau	Avocado's, haver, alfalfa, volkorengranen, appels, hennepzaad en -olie, vijgen, knoflook.

Ayurvedische Voeding

Huidproblemen (eczeem, psoriasis)	Cilantrosap, komkommersap intern en extern, wrijf de binnenkant van kanteloep op de huid, granaatappelsap, avocado, papaja, aloë, bessen. Vermijd zuivel, tarwe, geraffineerde suiker.
Huiduitslag	Knoflook, geelwortel, kool, peren, rode druiven, brandnetel, komkommers, groene papaja, tulasi, watermeloen. Ghi kan plaatselijk aangebracht worden.
Hyperthyroïdie	Aloë vera, kelp, zeewier, rode linzensoep, donkere bladgroenten.
Hypothyroïdie	Aloë vera, kelp, zeewier, gerst, miso, wortelgewassen, rode kool.
Kanker	Tulasi, essiac thee (zie www.essiac.org), vers groentesap, bladgroenten, vers vruchtensap, geelwortel, oregano, bessen, klis, cilantro, peterselie, daikon, brandnetels. Vermijd vlees, vet en bewerkt voedsel.
Koorts	Zacht gekookte zilvervliesrijst, tapioca, tulasibladeren.
Leververgiftiging	Onbewerkt rietsuikersap (zuivert de lever), kool, bieten, daikon, radijzen.
Maagpijn	Gembersap en -soep, papaja, pepermunt, papajazaden, miso.
Maagzweren	Rodekoolsap, bruine rijst, gestoomde bladgroenten, kichari, bessen, alle alkalisch makend voedsel. Vermijd tarwe, hete specerijen, cafeïne, alcohol, geraffineerde suiker.
Menopauze	Groene bladgroenten, yam, basilicum, zeewier, wortels, bonen, haver.
Migraine	Rijpe bananen gekookt met ghi, kardemom en nootmuskaat, nootmuskaatpasta op het voorhoofd.

Voedsel voor het genezen van ziekten

Nierklachten	Watermeloen (tenzij men oedeem heeft), asperge, peterselie, sla, rode bonen, brandnetel, donkere bladgroenten, bieten, selderij, minder zout.
Ogen	Warme zwarte thee of kamilletheezakjes kalmeren vermoeide en geïrriteerde ogen, wortels, boerenkool, pompoen.
Oorpijn	Knoflookolie, (bak knoflook in sesamolie totdat het bruin wordt), 5 druppels in het oor.
Osteoporose	Bladgroenten, asperge, quinoa, amarant, appels, bananen, zeewier, amandelen. Vermijd gepasteuriseerde en gehomogeniseerde zuivel.
Overgeven, misselijkheid	Rijstewater, gember, honing.
Parasieten, wormen	Pompoenzaden, papajazaden, knoflook, bruine rijst, abrikozenpitten. Vermijd suiker, fruit, tarwe, gluten en alcohol.
PDS (prikkelbare buiksyndroom)	Kichari, linzen, okra, psyllium. Vermijd tarwe, gluten, noten, zaden, zuivel, aloë vera.
Pijnlijke keel	Citroen, thee van gember met honing, cayennepeper. Zie ook onder griep en verkoudheid.
Premenstruele problemen	Bonen, zeewier, wortels, appels, klis, bieten, rauwe cacao. Vermijd cafeïne en alcohol.
Puisten	Geelwortel (inwendig en uitwendig), klis, bieten, bladgroenten, zeewier.
Slapeloosheid	Knoflookmelk met een snufje geelwortel, nootmuskaat, volkorengraan.

Ayurvedische Voeding

Spanning	Tulasithee, bessen, miso, zeewier, groen supervoedsel, donkere bladgroenten, yam, pompoen, gekookte appels, rode druiven, rauwe warme melk met geelwortel.
Tandpijn	Kruidnagel, rauwe knoflook (kauwen of in je mond houden), peterselie, sap van tarwegras.
Uitwendige bloedingen	Doe cayennepeper op de wond om het bloeden te stoppen.
Urineleiderinfectie	Cranberrysap (zonder suiker), waterkers, komkommer, bessen, citroen, brandnetel, klis, paardenbloem, bruine rijst, kichari.
Voedselvergiftiging	Honing, verse yoghurt, koriander, geelwortel, gember.
Voortplantingsorganen	Knoflook, uien, rauwe melk, amandelen, dadels, cashewnoten, bieten, klis.
Zwaarlijvigheid	Grapefruit, salades, gestoomde groenten, bieten, kool, groene (onrijpe) en rijpe papaja, gember, peper, bessen, radijzen.
Zwak immuunsysteem	Alfalfa, bladgroenten, knoflook, fruit, bessen, klis, supervoedsel.

Conclusie

En hij wist dat voedsel Brahman was.
Uit voedsel worden alle wezens geboren,
van voedsel leven ze en tot voedsel keren ze terug.
Taittiriya Upanishad 3.2

Amma herinnert ons er voortdurend aan dat we niet het lichaam zijn, we zijn de Atman (het hoogste Zelf). Dus waarom ons druk maken om gezond te eten? Dit lichaam is een voertuig voor het vervoeren van de ziel. Zoals we geen benzine gemengd met vuil in onze auto stoppen, moeten we nadenken wat voor soort brandstof we in het voertuig van onze ziel stoppen.

Tegelijkertijd moeten we ons dieet niet zo ernstig nemen dat we het gevoel van dankbaarheid verliezen voor al het voedsel dat we ontvangen. Onze gedachten en houding tijdens het eten beïnvloeden de spijsvertering en voedselopname evenveel als het voedsel zelf. We zijn gezegend als we genoeg voedsel hebben om energie te geven en ons te voeden. Miljoenen mensen hebben dit niet.

We hebben een oneindig vermogen om onszelf en de planeet te helen door wat eenvoudige veranderingen in onze dieetgewoonten aan te brengen. Amma houdt ons telkens opnieuw voor dat

Moeder Natuur erg uit evenwicht is. Ze moedigt ons voortdurend aan dat evenwicht te herstellen. Mogen we door Haar genade dat evenwicht innerlijk en uiterlijk vinden.

*Om brahmarpanam brahma havir brahmagnau
brahmana hutam brahmaiva tena gantavyam
brahma karma samadhina*

Brahman is de offergave,
Brahman is het offeren van het voedsel,
door Brahman wordt het geofferd
in het vuur van Brahman.
Brahman is wat bereikt moet worden
door volledige absorptie (samadhi)
in de activiteit van Brahman.

Bhagavad Gita, 4:24

Om lokah samastah sukhino bhavantu
Mogen alle wezens overal gelukkig zijn

Aanbevolen literatuur

Ayurvedic Healing: A Comprehensive Guide (David Frawley)
Ayurveda: The Science of Healing (Vasant Lad)
Ayurvedic Cooking (Vasant Lad)
Diet for a New America (John Robbins)
Diet for a New World (John Robbins)
Healing with Whole Foods (Paul Pitchford)
Prakriti (Robert Svoboda)
Quantum Healing (Deepak Chopra)
Vegan Fusion (Mark Reinfeld)
Why Vegan? (visit www.VeganOutreach.com)
Yoga and Ayurveda (David Frawley)